# Psicoterapia breve psicanalítica de casal

# Psicoterapia breve psicanalítica de casal

Mauro Hegenberg

c coleção
c clínica
p psicanalítica

Artesã

Psicoterapia breve psicanalítica de casal


COORDENAÇÃO EDITORIAL
Karol Oliveira

DIREÇÃO DE ARTE
Tiago Rabello

ASSISTENTE EDITORIAL
Mariana Almeida

REVISÃO
Silvia P. Barbosa

CAPA
Karol Oliveira

DIAGRAMAÇÃO
Conrado Esteves

H462 Hegenberg, Mauro.

Psicoterapia breve psicanalítica de casal / Mauro Hegenberg. 2. ed. – Belo Horizonte : Artesã, 2020. – (Clínica psicanalítica).

276 p. ; 21 cm.

ISBN: 978-65-86140-03-3

1. Psicoterapia breve. 2. Psicanálise. 3. Psicoterapia conjugal. I. Título.

CDU 159.9.018

Catalogação: Aline M. Sima CRB-6/2645

IMPRESSO NO BRASIL
*Printed in Brazil*

(31)2511-2040 (31)99403-2227
**www.artesaeditora.com.br**
Rua Rio Pomba 455, Carlos Prates - Cep: 30720-290 | Belo Horizonte - MG
/artesaeditora

# Dedicatória

À minha esposa, Susi Breviglieri Hegenberg.

# Agradecimentos

A todo o pessoal (atual e antigo) do *Núcleo de atendimento e pesquisa da conjugalidade e da família* (NAPC), que desde 1999 me acompanha no trabalho com a psicoterapia breve psicanalítica dos problemas conjugais, de casal e de família.

A todos os colegas que me ajudam a pensar a psicanálise de casal e de família.

A Alberto Eiguer, professor de Paris V, que apoiou o trabalho do NAPC desde sua vinda ao Instituto Sedes Sapientiae em 2011.

À Diretoria e a todos os integrantes do Instituto Sedes Sapientiae, que apoiam e garantem o nosso trabalho de pesquisa e de atendimento aos pacientes.

Aos alunos e pacientes, sentido do nosso trabalho.

# Prólogo

Este livro pode ser lido de diferentes formas. O leitor interessado apenas na terapia breve de casal pode ir direto aos capítulos destinados especificamente a este fim, como "psicoterapia breve psicanalítica" e "psicoterapia breve psicanalítica de casal". Quem estiver curioso a respeito de algum assunto específico, poderá encontrá-lo nos itens discriminados no sumário. O leitor envolvido com os diversos autores citados ao longo do livro poderá encontrá-los também no sumário, e quem estiver atraído pelo tema em geral poderá ler o livro do começo ao fim, o que é indicado ao iniciante.

O livro neste formato contempla a visão de quem está acostumado a dar aulas desde 1979. Embora fosse plausível, e bem mais simples, escrever um livro apenas com o tema do *breve no casal*, preferi compor um texto que abrangesse o assunto *psicoterapia breve psicanalítica de casal* como um todo; ou seja, possibilitar a leitura deste livro mesmo para o iniciante no assunto em pauta.

Espero ter tido sucesso em apresentar diversos tópicos fundamentais da terapia de casal, com o objetivo de permitir ao leitor ter noções básicas a respeito da matéria, inclusive atiçando sua curiosidade por alguns pontos específicos. Ao percorrer as páginas do texto, o encontro com a *psicoterapia breve psicanalítica de casal* poderá ser natural; esta é minha expectativa.

Ao longo do livro, as traduções do francês, do inglês e do espanhol são de minha responsabilidade.

Prefácio

# Um livro habitado, por Alberto Eiguer

Mauro nos apresenta um livro apaixonante e imensamente instrutivo, claro, preciso, bem fundamentado e de leitura amena. Suas contribuições à terapia psicanalítica breve de casal marcam um ponto promissor em sua trajetória. Não é por acaso que seja publicado neste momento, em que a demanda por terapia de casal se encontra influenciada por uma nebulosa noção de conjugalidade. O autor traduz uma vasta experiência na matéria, ao mesmo tempo uma espécie de balanço e uma abertura para o futuro. Raramente se vê uma obra onde os antecedentes da matéria estejam escritos com tanta atenção, onde se recolham em páginas palpitantes o nascimento e o desenvolvimento da ideia de terapia breve (TB), abrangendo os conflitos e a dinâmica do casal. A qualidade pedagógica que advém de sua carreira como professor se expressa em todo seu esplendor na exposição, de fato muito convincente. O leitor seguirá seu percurso, que é também a fundamentação de seu trabalho como demonstração dos reajustes que os psicanalistas precisam fazer para se adaptarem às vicissitudes da clínica atual. Se esta forma de terapia surgiu foi devido à sensibilidade com os sofrimentos dos pacientes e sua demanda por alívio.

Podemos sublinhar um exemplo. Ao expor as estatísticas dos casos tratados no centro NAPC do Sedes Sapientae, Mauro Hegenberg mostra que em sua grande maioria (56%), podem ser compreendidos como casais de estrutura anaclítico-depressiva, ou seja, hipersensíveis à perda e ao alheamento emocional. Não é uma prova de que são tomados por uma busca de sustentação e segurança? Não é algo que devemos responder em termos de apoio através de nossa ação terapêutica? É esse, parece-me, o espírito que transita pela experiência do autor e que o faz adotar uma prática como a sua.

A vivência subjetiva do clínico parece guiar a elaboração do autor. Mauro a desenvolve com precisão e profundidade através de uma terapia contemporânea e de uma adaptação da técnica terapêutica a uma instituição, um centro de atenção que emana de uma universidade e que tem como objetivos ocupar-se dos que sofrem (frequentemente provenientes de âmbitos desamparados), da investigação e do ensino. A resposta terapêutica leva em conta essas coordenadas. Além disso, abre questionamento sobre nossa contratransferência, que surge não apenas em resposta à transferência do casal, mas igualmente a outras expectativas, inclusive às demandas de uma instituição particular, o que vai se refletir em cada caso tratado, em cada intervenção dos terapeutas. O número de casos em andamento no Sedes Sapientae é impressionante nesse sentido.

Mauro Hegenberg nos fala de terapia de casal assim como de pacientes em tratamento individual com problemas matrimoniais. Eu mencionei a noção de conjugalidade e gostaria de deslindá-la. Trata-se de algo que amplia nossa reflexão, que, partindo de um vínculo, ocupa-se de entender de maneira singular os padecimentos individuais relacionados ao parceiro. Tratando em terapia individual pacientes com essas dificuldades, Hegenberg ajuda a pôr em prática um saber que nos leva a representar os vínculos de casal em nosso foro íntimo. Ao nos colocarmos no lugar do vivido e no âmbito doméstico, essa representação anima nossa fantasia, permitindo-nos configurar a mudança possível.

O terapeuta constantemente se implica e se comove ao mesmo tempo. Não é de se estranhar que Hegenberg se refira com certa admiração às descobertas de Winnicott sobre espaço transicional. Talvez pense em termos de cena de teatro enquanto trabalha.

Entre parênteses, digamos que um terapeuta analítico com uma prática de casal e família não deixa de pensar nos outros do paciente individual e seus vínculos intersubjetivos, o que favorece a compreensão das associações do paciente. A prática de psicanálise de casal e de família deixa seus rastros. Escuto frequentemente esses colegas falarem com facilidade de sua contratransferência, sentindo-se preocupados com o que vive o casal ou o paciente em tratamento.

Na parte teórica, Mauro considera essas ideias centrais. É quando nos recorda que sua tarefa se inspira na teoria dos vínculos intersubjetivos. O casal, como os pacientes e o terapeuta, está em vínculo intersubjetivo: desenvolve-se uma nova dimensão, um campo inédito, um espaço psíquico original, uma terceiridade, mais além do que o aparato psíquico individual produz.

Então se percebe que subjetividade e intersubjetividade estão em sincronia. É por isso que quando alguém se pergunta – e a reflexão sobre TB demanda com presteza – o que é o principal do processo analítico, o que é que atribui eficiência, alguém pode responder que é a subjetivação, o desenvolvimento e o enriquecimento do diálogo interior, a possibilidade de elaborar em si mesmo a experiência do mundo e as emoções e fantasias internas como coletivas. Isso alimenta os sonhos tanto diurnos quanto noturnos, até mesmo os projetos e os ideais. Há algo de poesia e muito de criatividade nessa estética da interioridade. E quando se alude à transferência-contratransferência, esta intersubjetividade aparece como fonte da subjetivação. Porque o analista, se por ventura faz uma terapia não analítica, sistêmica, comportamental ou cognitiva, não deixa de elaborar em sua autoanálise. Caso contrário, como poderia resolver tantas vivências que o comovem e o desarmam a cada sessão?

É por isso que as modificações de enquadre próprias da terapia breve permitem a mudança. Inclusive a ideia de foco, com a qual se trabalha sobre os conflitos essenciais do casal, subordina-se à sensibilidade analítica do terapeuta. Trata-se, ao mesmo tempo, de uma seleção do foco que vai se estabelecer desde as primeiras entrevistas e da maneira de se abordá-lo no decurso do tratamento. Com sua clareza habitual, Mauro nos fala de quatro tarefas e de focos que segundo cada caso se remetem a conflitos de castração, de separação/dependência ou de desorganização. Nota-se desde o começo que o terapeuta estabelece seu campo de ação, que o delimita e que trata de se ater a ele. O autor aproxima a ideia de limitação da duração com a da castração simbólica. A TB sobredetermina a elaboração do desmame e de outros conflitos. Malan e Keselman sugerem que o foco universal é tratar do sentimento de perda do próprio vínculo terapêutico.

O autor discorre sobre a noção de que a espontaneidade, a surpresa, o imprevisível e o irrepresentável são o que pode surgir de mais importante, e que isso pode desaparecer na TB. O retorno do reprimido ou o retorno do desmentido sempre abrem um caminho, e dificilmente se pode controlá-los. Em meio às sessões há lugar para a emergência do insólito e de todas as formas do final do contrato, com uma sequência prevista para além do tempo delimitado.

Apreciei quando o autor explica o interesse de tecer acordos com os pacientes (tratar o foco é um deles), ainda mais significativo quando se sabe a importância que os acordos, contratos, pactos e alianças têm no casal, cujas crises frequentemente ecoam as rupturas reais ou fantasiadas de tais acordos (pág. 100).

No livro aparecem autores da formação do Mauro e muitos de seus colegas, companheiros com quem ele compartilha terapias e investigações. É um livro habitado, onde a comunicação tem valor de resgate nos momentos de comoção contratransferencial, a partir de onde se dá um enriquecimento mútuo. Tal leitura propicia a impressão de uma colmeia onde se criam ideias e onde novas perspectivas são descobertas, o que é sumamente estimulante.

*Dr. Alberto Eiguer*
Diretor de investigações da Universidade Paris 5
René-Descartes Sorbonne-Cité
Instituto de Psicologia
Tradução: Ivan Hegenberg

# Apresentação

O tema da psicoterapia breve se configura pertinente em função de uma demanda crescente por parte dos pacientes por uma terapia menos prolongada. O tempo convencionado para uma terapia ser considerada breve é de no máximo um ano; e um ano não é pouco. A maioria das terapias de casal e de família não ultrapassa a duração de um ano; a *diferença* é que a terapia breve institui um tempo limitado para o encontro terapêutico, o que implica em um *processo* totalmente diferente de uma terapia que se queria mais longa, mas terminou por conta de outros fatores, alheios à vontade do terapeuta.

A psicoterapia breve psicanalítica, como projeto teórico e terapêutico, ganha contornos mais sólidos na década de 1940, tendo seu primeiro Congresso ocorrido em 1941, capitaneado por Franz Alexander, em Chicago. Com o tempo, ela se fortaleceu e hoje está suficientemente desenvolvida em todo o mundo, embora questionada pelos psicanalistas que a observam a partir de uma distância preconceituosa.

A psicoterapia breve *cognitiva e comportamental* tem ampla aceitação e transita com desenvoltura nos meios médico e psicológico. Ela não será aqui contemplada por um motivo claro: sua singeleza, que a meu ver, dispensa comentários.

A psicoterapia breve psicanalítica de casal tem poucos textos publicados, inclusive no âmbito da *Associação internacional de psicanálise de casal e família* (AIPCF) e *Associação brasileira de psicanálise de casal e família* (ABPCF).

Estas Associações têm entre seus membros os autores mais importantes da psicanálise de casal e de família do mundo, o que pode ser observado em seus sites: www.aipcf.net. e www.abpcf.com.br.

A Tavistok Clinic em Londres tem artigos publicados na matéria, e publicou um livro em 2001 (Grier, 2001), mas continua escasso encontrar quem publique artigos ou livros sobre o assunto. Publiquei um capítulo sobre o tema recentemente (Hegenberg, 2012), e um artigo na revista da AIPCF (2010), além do artigo sobre o NAPC (Bartilotti et al, 2013) e do livro de Kerbauy, Bartilotti e Dominicis (2019). O presente livro apresenta o trabalho de atendimento e pesquisa sobre a conjugalidade desenvolvido na Clínica Psicológica do Instituto Sedes Sapientiae, desde 1999, pelo *Núcleo de atendimento e pesquisa da conjugalidade e da família* (NAPC), um dos projetos da Clínica Psicológica do Sedes (conferir em: www.sedes.org), que atende pessoas, casais e famílias segundo os preceitos da *psicoterapia breve psicanalítica*.

A AIPCF, em 2014, reconheceu oficialmente, como núcleo formador, o conjunto composto pelos cursos *Psicoterapia psicanalítica de casal e família* e *Psicoterapia breve psicanalítica* como eixo teórico, além da parte prática como membro da equipe clínica do NAPC por pelo menos dois anos. Quem completa este percurso, por volta de cinco anos de formação, em torno de mil horas de estudo e de prática, é aceito como membro da AIPCF.

Os capítulos deste livro se inclinam a estudar o vínculo do casal segundo o vértice psicanalítico. Para tanto, observa-se o casal como uma díade amorosa (Ruffiot), compreende-se que a relação do casal (Lemaire, Eiguer, Ruffiot) e dos três na sessão se dá no espaço transicional (Winnicott) a partir da presença (Berenstein) do outro. Ao mesmo tempo, utilizam-se as associações livres (Freud, Gilliéron), presta-se atenção aos jogos das projeções/introjeções e identificações projetivas (Tavistok Clinic), embasado na investigação/interpretação da transferência/contratransferência.

Os conceitos de foco (Balint) baseado nas angústias ligadas ao conceito dos tipos de personalidade (Freud, Bergeret, Hegenberg) e de limite de tempo (Malan, Mann) se referem à psicoterapia breve, que salienta a importância dos primeiros contatos com o paciente em suas entrevistas iniciais, consideradas como sessões psicoterápicas (Gilliéron). Esmiuçar os conceitos delineados neste parágrafo é o trabalho das linhas escritas a seguir.

# Introdução

A *psicoterapia breve de casal* não é comum no meio psicanalítico, embora alguns Serviços, como a Tavistok Clinic e o NAPC, trabalhem dessa forma há muitos anos.

Os psicanalistas adeptos da *psicanálise clássica*, de acordo com o *modelo intrapsíquico freudiano*, não estão acostumados a lidar com variações de *enquadre*, tanto em relação ao número de pacientes, como no casal e na família, quanto em relação ao tempo limitado da terapia, como na terapia breve.

A *psicoterapia breve psicanalítica de casal* propõe alterações importantes do *enquadre* em relação ao *tratamento-padrão* da psicanálise: a disposição face a face, a variação de número (de pacientes e de sessões semanais) e de tempo (limitado), além da modificação técnica, com a proposta de um foco de atenção.

A *definição* de *psicanálise* pelo enquadre, ou seja, pelos parâmetros fixos do tratamento como o uso do divã, três a cinco sessões semanais e tempo ilimitado de terapia, embora permaneça no imaginário dos psicanalistas que resistem a variações do modelo da metapsicologia intrapsíquica, está cada vez mais em descrédito. Tem mais adeptos e mais consistência teórica, a *definição* pelo *método*: a investigação da transferência/contratransferência, seguida frequentemente pela interpretação, o manejo das associações livres e o respeito à regra da abstinência/neutralidade (Hegenberg, 2005).

Neste livro, o *vértice psicanalítico* é compreendido como a articulação entre a teoria psicanalítica e seu método. A definição de *psicanálise* pelo viés metodológico implica em continuar considerando *psicanálise* um procedimento que altere o enquadre em relação ao número de pacientes presentes nas sessões, como no caso da família, do casal e dos grupos, desde que o método seja respeitado.

Exatamente pelo mesmo motivo, a variação do enquadre relativa ao tempo também não altera o método, ou seja, uma terapia que tenha um prazo delimitado permanece dentro da *psicanálise* porque respeita o método psicanalítico, embora o processo terapêutico se modifique.

O *processo* terapêutico se altera quando há variações do enquadre: por exemplo, a neurose de transferência, as resistências e a regressão se modificam com a instituição do limite do tempo (Gilliéron, 1983/1986). Mesmo assim, respeitadas as associações livres, as regras da neutralidade/abstinência, a investigação/interpretação da transferência/contratransferência, o trabalho terapêutico transcorre dentro de parâmetros psicanalíticos, a ponto de não ser possível diferenciar (Gilliéron, 1983/1986) uma *sessão* de terapia psicanalítica breve de uma sessão de análise clássica.

Os adeptos da *terapia sistêmica*, comum entre os terapeutas de casal e de família, com vários estudos, livros publicados e Associações espalhadas pelo mundo, não utilizam a *investigação/interpretação da transferência/con-*

*tratransferência* como método de trabalho, assim diferenciando-se da *psicanálise*.

A *psicoterapia breve psicanalítica de casal*, portanto, embora se mantenha dentro da *psicanálise*, altera significativamente o enquadre e a técnica, quando comparada ao *tratamento-padrão*: em relação ao número de pacientes, ao uso do face a face, à utilização de um tempo limitado para a terapia e à concepção de um foco. O texto a seguir se dispõe a aprofundar justamente estas variações e suas repercussões para o campo psicanalítico em questão.

# Justificativa

A terapia de casal e de família tem interesse crescente entre as pessoas. O aumento da demanda por esta modalidade de atendimento se deve a uma difusão maior de seus ensinamentos, maior compreensão dos profissionais a respeito da sua importância, daí uma indicação mais acurada e frequente, além do momento atual complexo das relações de casamento.

Os conflitos de casal sempre existiram, nos diversos momentos da história; em cada época as dificuldades variaram seus contornos e atualmente isso não é diferente. Se na Idade Média o relacionamento entre o casal se dava pela ingerência do grupo e os homens permaneciam pouco tempo junto às mulheres (contexto romantizado nas histórias de cavalariça), pode-se imaginar que não era simples o convívio marido-esposa.

O nascimento do *indivíduo soberano*, entre o *Humanismo renascentista* do séc. XVI e o *Iluminismo* do século XVIII representou a ruptura com a pessoa na "grande cadeia do ser", ou seja, a ordem secular e divina das coisas, levando ao colapso da ordem social, econômica e religiosa medievais.

O *Humanismo renascentista* colocou o homem no centro do Universo. O *Iluminismo*, centrado na imagem do homem racional, científico, libertado do dogma e da intolerância, posto a compreender a história humana, culmina no narcisismo atual, crescente individualismo deste nosso século XXI, com suas repercussões no relacionamento do casal e da família.

De Copérnico (1543) até Newton (1687), passando por Descartes (1644) e Galileu (1632), o mundo saiu de um modo fechado e hierarquizado para um "caos" desprovido de sentido; as descobertas da *Física* fragilizaram os princípios da religião cristã, dominante até então: a *Terra* gira em torno do *Sol*, e não mais o contrário.

Kant, em *Crítica da razão pura* (1781), aponta o caminho da ciência, do moderno *método experimental*, disposto a explorar o mundo e o homem, posto que o divino não mais predomina.

A filosofia moderna, então, vai ter que se desdobrar para dar conta dos novos acontecimentos. Filósofos (Rousseau entre eles) dos séculos XVI a XVIII se apaixonaram pela ideia de qual seria a diferença radical entre o ser humano e os outros animais; se não é mais uma questão divina, o que é então?

Fala-se muito no quanto mudaram as relações entre os casais ou famílias atualmente, mas dá para imaginar como ficou o mundo naquela época? Note que a *Revolução francesa* (1789), a *Independência* dos Estados Unidos (1776), a *Declaração dos direitos do homem* (1789) e a *Revolução industrial* (1800) são eventos próximos no tempo, não por acaso.

Hoje se discute bastante a respeito da velocidade da internet. Se, de fato, essa velocidade impõe transformações cuja amplitude ainda não alcançamos, imagine as mudanças ocorridas no século XIX com o trem e o telégrafo, que encurtaram drasticamente as distâncias entre as populações.

O poderoso *Império Inca*, na América que não conhecia os cavalos, tinha um tamanho bem pequeno comparado ao *Império Romano*, este com o tamanho permitido pela distância maior percorrida pelos rápidos quadrúpedes.

Só no século XIX estas distâncias diminuíram com o advento da estrada de ferro. Se uma quebra de safra em uma região qualquer até o século XVIII, matava de fome uma cidade inteira, com o trem as trocas se intensificaram, lembrando que a refrigeração não existia e os alimentos pereciam rapidamente.

Velocidade, o século XIX foi o seu nome. Se a distância encurtou, as trocas se intensificaram, novos costumes e conhecimentos também entraram na pauta; isso alterou hábitos e tradições, com reflexos que até hoje nos influenciam.

## J.1 Revolução industrial

A partir daí o *indivíduo* surge com toda a sua força; configura-se a ética do trabalho, a importância do mérito nas ações humanas.

O *"Penso, logo existo"* de Descartes (1637) introduz a subjetividade nas nossas reflexões, o espírito crítico, a rejeição dos preconceitos e a liberdade de pensamento. A filosofia moderna é então, uma filosofia do sujeito, um humanismo e até mesmo um antropocentrismo (Ferry, 2010, p. 130).

Se a ideia de "minha liberdade acaba quando termina a do outro" se impõe neste momento, o que poderia ocorrer com a relação de casamento? Pode-se imaginar que os casamentos arranjados, interessados apenas na preservação do patrimônio e da ordem, foram gradualmente atingidos pelo tal *Romantismo* de que tanto se fala hoje em dia.

Na Idade Média, a família fundada no casamento não tinha fundamental relação com o amor, com o sentimento. A Igreja recomendava o amor e a fidelidade, mas tratava-se de um ideal de alcance geral e não era específico do casamento (Ferry, 2013, p.76). Pela esposa, seria desejável ter alguma estima, amizade, ternura, mas o amor-paixão era guardado para as amantes.

Vejam que "linda" a afirmação de Montaigne (nos seus *Ensaios*, livro III, capítulo 5), entre 1580-88: "Senhores, jamais se casem com suas amantes: fazer isso é *cagar* no cesto antes de botá-lo sobre a cabeça". Em um conto (*Jadis*) de Maupassant (1880/2009), diante da jovem mocinha apaixonada, a vovó experiente ensina para não se casar com o amante, e afirma que na vida "só se casa uma vez, ao passo que se ama vinte vezes".

O casamento por amor é uma invenção europeia recente, tornada possível graças à *Revolução industrial* (1800); ou seja, por conta do trabalho assalariado e ao sair do campo para a cidade, a mulher, antes subjugada pelo marido e pela comunidade sufocante do vilarejo, pode escolher com quem se casar.

O casamento por amor nasce na classe operária (FERRY, 2013) e só depois atingirá a burguesia, até prevalecer em todas as classes sociais apenas após a *Segunda Guerra* (1939-45). E é uma consequência instituída pela condição feminina.

Para Herrmann (2003),

> o mesmo suporte que mantém o casamento é o que o destrói. Certas ideias, como a de fidelidade e de posse, a de perfeição da vida conjugal, a de superioridade – nossa, só nossa, só

deste casal sobre todo o resto das relações do mundo –, criam uma espécie de chauvinismo matrimonial responsável tanto pela fidelidade quanto pela infidelidade, tanto pela manutenção, quanto pela quebra das relações de casamento. (p. 155)

Caro leitor, pense na nossa situação atual: faz bem pouco tempo o casamento por amor se colocou como norma, em nosso mundinho ocidental.

Basear o casamento no amor-paixão é temerário, algo como construí-lo em cima da areia (Ferry, 2013, p. 81); por outro lado, esse tal de *Romantismo* que nos influencia, "exige" o prévio apaixonamento para que o casamento faça sentido. Para Ferry, em alguns casos bem-sucedidos, o amor-paixão se transforma em amor e o feliz casamento perdura; na maioria, é divórcio, tortura ou terapia.

## J.2 Filhos

O casamento por amor vai desenvolver um inédito amor pelos filhos e banalizar o divórcio. Nos séculos XVIII e XIX produziu-se uma quantidade inédita de discursos para promover uma perfeita adequação das mulheres ao conjunto de atributos, funções, predicados e restrições denominado *feminilidade* (Kehl, 1998). A preocupação com os filhos e com o casamento torna-se importante para a manutenção da família.

Se muitos consideram o amor pelos filhos como algo natural ou instintivo, lembremo-nos de que na Idade Média a morte de uma criança era tida como menos grave do que a de um porco ou a de um cavalo; que o abandono de crianças era a regra, chegando a alcançar 30% no início do século XIX (Pequeno polegar, João e Maria; lembra?).

Na Paris do século XIX as mães pobres tinham que trabalhar e as mães de famílias ricas não queriam amamentar seus filhos (não era chique), que morriam às pencas no caminho, em carros de boi até chegar nas periferias, ou de fome se as amas de leite não cuidassem bem deles.

## J.3 Separação

Conflitos tão corriqueiros hoje como a dificuldade para cuidar dos filhos e da casa, se apaixonar pelo colega de trabalho, perder o interesse sexual pelo cônjuge, são problemas causados pelas mudanças recentes nas relações familiares e de casal, que ainda não sabemos muito bem como lidar.

Nas camadas de baixa renda, no Brasil, a troca de parceiros sempre foi a regra; se os casamentos oficiais nunca foram preocupação maior, a busca por um companheiro, mesmo sem boas qualificações, permanece como objeto desejado. A mulher com poucos recursos financeiros é mais respeitada na comunidade quando acompanhada, mesmo que sustente financeiramente um homem bêbado e violento (Muszkat; Muszkat, 2003).

Se a família burguesa do período 1850-1950 é muitas vezes lembrada e idealizada pelo amor romântico, cabe lembrar que as pessoas não se divorciavam porque era proibido, mas segundo Ferry (2013), elas "se amavam seis dias e se aporrinhavam sessenta anos; e que os homens traíam as suas mulheres, onde a regra era o bordel, e a família minada pelos segredos, mentiras e infidelidades" (p. 82).

No Brasil, na década de 1940, lembremos que 70% da população vivia na área rural; hoje apenas 15% vivem no campo. Com certeza, isso traz inúmeras consequências para as relações pessoais e de casamento.

## J.4 Fidelidade

Em diversos momentos da História a fidelidade foi apenas um mito. Neste quesito, em muitos casos, o que importa são as aparências. Se, deveras criticado, D. Pedro I era escandaloso em relação às suas fanfarronices com as amantes (teve 43 filhos conhecidos), seu filho D. Pedro II, pessoa circunspecta (que aos doze anos aparentava modos de um homem de 40), sempre foi discreto em relação às suas catorze amantes, oficialmente conhecidas. Sua relação mais duradoura foi com a baiana Luísa Margarida Portugal de Barros, casada com um nobre francês, o conde de Barral (Gomes, 2013).

Se a vida amorosa hoje em dia é complicada, ela tem mais autenticidade, liberdade e intensidade. Essas complicações se dão inclusive pelas novas condições da mulher no mundo contemporâneo.

Nota-se que a condição da mulher mudou, e continua se alterando desde a *Revolução industrial* até os dias de hoje. Com a instituição do amor romântico e o consequente casamento por amor, várias questões relativas aos problemas dos casais atuais se configuraram e apresentam alternativas a serem construídas. Se alguns (Costa, 1999) são pessimistas (ou realistas, como diria Machado de Assis) e encontram no amor não conjugal a saída para as relações pessoais, outros pensam em como poderiam ser as relações de casal diante inclusive das novas configurações familiares que se impõem atualmente.

## J.5 O que era fixo se acabou!

As transformações associadas à modernidade libertaram o indivíduo de seus apoios estáveis nas tradições e nas estruturas. E o casal deve aprender a lidar com estas mudanças.

Cabe lembrar que diversos autores, como Hall (1992) e Lipovetsky (2005), apontam que o sujeito, previamente vivido como unidade, está se tornando fragmentado. O sujeito pós-moderno não tem identidade fixa, essencial ou permanente; nossas identificações estão sendo continuamente deslocadas.

Se aprendemos com Marx que "os homens fazem a história, mas apenas sob as condições que lhes são dadas"; com Sigmund Freud que não somos (Inconsciente) os senhores em nosso próprio castelo; com Saussure que não somos, em nenhum sentido, os autores das afirmações que fazemos ou dos significados que expressamos na língua, pois a língua é um sistema social que preexiste a nós; e com Foucault que o *Poder disciplinar* consiste em manter "as vidas, as atividades, o trabalho, as infelicidades e os prazeres do indivíduo" e sua saúde física e moral, sexualidade e vida familiar sob estrito controle e disciplina a fim de produzir "um ser humano que possa ser tratado como um corpo dócil", podemos supor o quão difícil é nossa tarefa para entender/acessar o significado de nossos atos ou desejos, pois somos influenciados, mesmo sem perceber, a todo instante pelo nosso inconsciente, pela família, educação, sociedade e cultura que nos cerca e nos precede (Hall, 2003).

Com tantos registros subliminares que nos influenciam diariamente, gerando um constrangedor acesso limitado a nós mesmos, é simples imaginar como é difícil entender o que acontece em uma relação de casal ou de família! Como estamos despreparados para enfrentar o cotidiano com cônjuges, filhos e parentes!

E então veio o feminismo, com a afirmação de que "o pessoal é político" (Hall, 2003), ou seja, chegou para questionar a clássica distinção entre o privado e o público, politizando a subjetividade, a identidade e a identificação (homem/mulher, pais/filhos). Uma consequência do feminismo está na instituição da famosa *DR* ("discutir a relação"), o que alterou para sempre as relações de casal. O filme *Revolutionary Road* (2008), com Kate Winslet e Brad Pitt, mostra este aspecto de forma instigante.

E aí, está fácil ser 'casal' hoje em dia?

Hoje, de acordo com Deleuze (1992), vivemos em uma sociedade de controle, onde nunca se termina nada, onde a senha substitui a antiga assinatura, onde o virtual se impõe, onde se vendem serviços e se compram ações, onde o surfe é um esporte valorizado porque nele, sem solo definido, se flutua tal como no mundo de hoje, onde o homem descartável e endividado (com dívidas com a saúde, com a balança, com o saber, etc.), onde a prisão caminha para o controle com a coleira eletrônica, onde a empresa valoriza o marketing e o setor de vendas tornou-se a alma da empresa. Neste mundo instável, sem definições claras, o casal precisa definir suas próprias regras. Neste mundo sem amarras, onde se valoriza o flutuante sem compromisso, quais as regras que cada casal vai escolher?

Neste mundo definido, como em *A era do vazio*, por Lipovetsky (2005), com textos escritos na década de 1980, pode-se observar os dois lados da moeda do mundo atual. O autor salienta que não temos mais amarras rígidas do certo e do errado, que não há sentido único, mas conteúdo provisório, individual. Por conta disso, embora mais frívolos, somos mais leves; se a mídia é manipuladora, ela também renova ideias. Neste sentido, para Lipovetsky, pode-se observar a corrosão do imperativo moral como libertação e não como decadência da estrutura social.

## J.6 Personalização

Nesta atual sociedade *self-service*, longe da moral rigorista e autoritária de antes, a responsabilidade pessoal aumenta. Estamos mais soltos, menos tutelados, mais obrigados a gerir nosso próprio mundo. Na intensidade do aqui e agora, a pós-modernidade tem o vazio como liberdade de forjar novos conteúdos existenciais. Na culminação da vida privada, consequência e manifestação miniaturizada do processo de *personalização*, símbolo da passagem do individualismo limitado ao individualismo total, não se trata de um indivíduo desconectado do social, mas é a destituição e mecanização do que era superior que o caracteriza (Lipovetsky, 2005).

Tudo desliza numa indiferença descontraída, o sujeito está centrado sobre a realização emocional de si mesmo, ávido de juventude, de esportes, de ritmo, empenhado em se realizar na esfera íntima. Não há mais amarras sólidas, nem ancoragem emocional estável: windsurfe, asa-delta, skate, são os esportes da moda. E o *selfie*, o grande barato atual, a febre de postar na rede social a glorificação a si mesmo, é a exposição narcísica de intimidades pudicas ou impudicas.

Lipovetsky nomeia *personalização* esse novo tipo de controle social que eleva o culto ao indivíduo. A ordem disciplinar revolucionária convencional prevalece até o decorrer da década de 1950. Depois da *Segunda Guerra* (a arte e a psicanálise antecipam esta situação já a partir da década de 1920), dá-se a ruptura a partir da personalização.

## J.7 Narcisismo

*Narcisismo* é o novo estágio do individualismo, desembaraçado dos valores sociais, da família, da revolução e da arte, que vive sem ideais, cuida da saúde, das férias, do bem-estar. É o fim do *homo politicus*; surge o *homo psychologicus*, à espreita de seu ser, da realização de si mesmo, que vive o presente, pois o futuro é incerto e ameaçador. O receio de fim de mundo, por conta da *Guerra fria*, e a possibilidade de explosão de bombas atômicas, acentuaram estes sentimentos.

O narcisismo abole o trágico, surge uma forma inédita de apatia, de indiferença. Se para Nietzsche, qualquer sentido é melhor do que nenhum sentido, hoje é possível se viver sem sentido. O homem *cool* escolhe qualquer coisa, não há mais certo ou errado. Ele não é alienado, é informado; não é pessimista, é apático, indiferente, efeito da personalização. O homem indiferente não se apega a nada, não tem certezas, modifica-se rapidamente. O homem apático está incomunicável, isolado. O indivíduo quer ser só e ao mesmo tempo não se suporta (Lipovetsky, 2005).

*Barbaridade!* Com tudo isso nos rodeando, como estabelecer uma relação satisfatória a dois? Eis que tarefa hercúlea a do casal, entender, suportar/incorporar todo esse contexto, e lidar com ele para conseguir permanecer casado e satisfeito!

É esse casal, são essas pessoas que chegam ao consultório com queixas de traição, negligência, agressões, incompatibilidade de gênios, ciúmes e invejas, vício no uso da *tela* (celular e afins), falta de sexo, divergências na educação dos filhos, competições, dificuldades de convivência no cotidiano, por exemplo.

O psicanalista deve sim, entender o casal sob o ponto de vista psicológico, mas precisa ter a noção de que o casal é também atravessado pelas questões atuais, composto de humanos por vezes individualistas, com pouca noção do que é estar junto, de como se constrói e se alimenta um casal e um casamento.

# 1
# A psicoterapia breve psicanalítica

No início da psicanálise, as psicoterapias eram de curta duração. Em 1908, por exemplo, Freud tratou o compositor Gustav Mahler de impotência sexual em quatro horas, conversando com ele à beira de um penhasco. Em 1906, atendeu o maestro Bruno Walter de paralisia do braço direito em seis consultas.

Ferenczi analisou-se com Freud em duas oportunidades: durante três semanas em 1914 e mais três semanas em 1916, então com duas sessões ao dia. Freud e Ferenczi saíam juntos em férias, trocavam confidências e foram amigos durante alguns anos.

Distante da suposta "ortodoxia" psicanalítica, Freud supervisionou o pai do *Pequeno Hans*, no tratamento de fobia do próprio filho e, no caso do *Homem dos lobos*, propôs um prazo para o término do tratamento.

Em todo caso, estávamos no início da história da psicanálise. O tempo passou e Freud viu-se envolvido com dissidências que o levaram a endurecer suas posições em relação à psicanálise, que ele sentia ameaçada (Gilliéron, 1983/1991). Jung, inicialmente considerado por Freud como seu grande sucessor, e Reich, responsável pelos seminários de técnica da *Sociedade de psicanálise*, foram sérias decepções. Freud, preocupado com a cientificidade da psicanálise, não queria que ela se tornasse uma variação psicoterápica qualquer, e passou a discordar de Ferenczi quando ele, afeito ao trabalho clínico, propôs variações técnicas para lidar com casos difíceis.

Enquanto Freud, ao enfrentar dificuldades com os pacientes, propunha um aprofundamento da teoria (*metapsicologia*), Ferenczi preocupava-se com a *práxis*. Durante muito tempo, estas posições polarizaram as discussões no movimento psicanalítico. Uma delas, voltada para as pesquisas metapsicológicas, e a outra, de orientação mais psicoterápica, visando aprofundar o estudo da relação terapêutica (Haynal, 1987).

Freud (1914/1969) já havia tentado adotar medidas práticas, como no caso do *Homem dos lobos*, quando determinou um prazo de encerramento para a terapia. Mesmo observando que a pressão do final programado alterou as resistências por parte do paciente, Freud, mais tarde, não aceitou atribuir a aceleração do processo à variação do enquadre. Para ele, a esperança de resolver um dos problemas da psicanálise da época, a questão do prolongamento dos tratamentos, resultaria de novos conhecimentos teóricos.

Apesar disso, no final da vida, em *Análise terminável e interminável*, Freud (1937/1969) foi cauteloso ao deixar a questão em aberto: "empreguei a fixação de um limite de tempo também em outros casos, e levei ainda em consideração as experiências de outros analistas" (p. 250). E continua a afirmar que "tal artifício de chantagem é eficaz desde que se acerte com o tempo correto para ele. Mas não se pode garantir a realização completa da tarefa" (p. 250). E, na sequência, continua: "não se pode estabelecer qualquer regra geral quanto à ocasião correta para recorrermos a esse artifício técnico compulsório; a decisão deve ser deixada ao tato do analista" (p.250). Até hoje me pergunto o que seria essa "*realização completa da tarefa*"?

Em todo caso, a *psicanálise* não se reduz a Freud. Em 1925, Ferenczi e Rank publicaram *Perspectivas da psicanálise*, em que discutem a *experiência emocional* do paciente no processo psicanalítico, criticando o exagero da compreensão intelectual na análise por meio das reconstruções genéticas. A questão principal não seriam as lembranças, mas a vivência dos conflitos do cliente na relação transferencial. Eles acreditavam que essa abordagem poderia abreviar o tempo da análise, porque a rememoração do infantil na história do paciente não seria necessária em todos os seus detalhes.

Ferenczi faleceu em 1933, com problemas neurológicos causados por falta de vitamina B 6. Na época, acharam que ele estava louco, o que auxiliou a desqualificar a sua obra. Suas contribuições à psicanálise só puderam ser recuperadas após a morte de Freud. Foi Balint, na década de 1950, que passou a divulgar os ensinamentos de Ferenczi e a utilizar seus escritos no trabalho que desenvolvia na *Tavistok Clinic*, na Inglaterra. Apesar disso, as resistências perduraram. Para se ter uma ideia, o *Diário clínico*, de Ferenczi (1932/1990), foi publicado apenas em 1985, tal o preconceito para com o autor.

Ferenczi, por ter aprofundado o processo de discussão e questionamento da técnica psicanalítica, propondo diversas variações do *enquadre clássico* do tratamento padrão, pode ser considerado o precursor da *psicoterapia breve*.

Freud faleceu em 1939 e deixou a psicanálise estabelecida como disciplina reconhecida, em vários países do mundo. Após a *Segunda Guerra Mundial* (1939-1945) aumentou o interesse e o número de casos atendidos em psicoterapia. O tratamento-padrão, com várias sessões semanais, uso do divã e tempo ilimitado da terapia, foi posto seriamente em questão.

Em 1941, em Chicago, sob influência de Alexander, ocorreu o primeiro Congresso destinado à psicoterapia breve. Franz Alexander escreveu com Thomas French, em 1946, o livro *Psichoanalytic therapy*, no qual propõe modificações do tratamento-padrão. O trabalho de Alexander e French foi apresentado como uma modificação da *psicanálise ortodoxa* e não como uma variação de enquadre, o que atraiu, na época, uma onda de hostilidades, caindo em descrédito. As variações propostas surgiram em um momento em que a psicanálise ainda estava em processo de fortalecimento, após a morte de Freud, e não estava preparada para sofrer grandes modificações. Em 1956, Alexander voltou a ratificar suas posições em um novo livro.

De 1950 a 1960 as necessidades da população e as situações de crise passaram a fazer parte das publicações dedicadas ao assunto. O psicodrama e a terapia comportamental ganharam espaço nessa época.

O livro *A psicoterapia focal* (1972), de Balint, foi publicado após sua morte e retrata um caso clínico atendido por ele de novembro de 1960 a fevereiro de 1962, relatando 27 sessões detalhadamente, além de acompanhamento do caso até 1968.

Balint foi fundamental na história da psicoterapia breve. Recuperando o trabalho clínico de Ferenczi, em 1954 Michael Balint reuniu, na *Tavistok Clinic*, em Londres, um grupo de psicoterapeutas, que atendeu 21 pacientes até 1958, tendo ficado a cargo de um dos membros da equipe, David Malan, a publicação dos resultados, reunidos em 1963 no livro intitulado *Um estudo de Psicoterapia Breve* (1975).

Em 1958, Peter Sifneos, em Boston, publica um artigo sobre *Psicoterapia breve* e a partir de 1965 passa a publicar com maior frequência. Em 1972, surge seu livro *Psicoterapia breve e crise emocional*(1978), seguido de outras publicações. Sifneos é um dos mais importantes autores da psicoterapia breve, tendo vindo ao Brasil em 1990, 1991 e 1993.

Em 1965, Bellak e Small escreveram *Psicoterapia breve e de emergência*. Em 1970, Lewin publicou *Brief encounters, brief psychotherapy.* Na Argentina, em 1970, Kesselman escreveu *Psicoterapia breve*, e Fiorini publicou seu clássico *Teoria e técnica de psicoterapias*, em 1973. Também em 1973, Mann publicou *Time-limited psychotherapy*, e Davanloo, em 1980, *Short-term dynamic psychotherapy*, modelo este retomado por Malan e Della Selva, no livro *Psicoterapia dinâmica intensiva breve*(2008), de 2006.

Em Lausanne, Suíça, em 1983, Gilliéron escreveu *As psicoterapias breves* (1983/1986) e *Introdução às psicoterapias breves* (1983/1991). Seguiu-se *A primeira entrevista em psicoterapia*, em 1996, e *Manual de psicoterapias breves*, em 1997. Gilliéron é um dos autores vivos mais importantes da *psicoterapia breve psicanalítica.* Esteve no Instituto Sedes Sapientiae, em 1994, em um seminário que durou três dias. Voltou ao Brasil em 1995, proferindo palestras no Rio de Janeiro e em São Paulo, na Universidade São Marcos, que voltou a visitar em 1996.

Em 1984, na Argentina, Braier escreveu *Psicoterapia breve de orientação psicanalítica*. No Brasil, Lemgruber, do Rio de Janeiro, em 1984, publicou *Psicoterapia breve – a técnica focal*, e mais dois livros, divulgados em 1995 e 1997. Em 1986, Knobel, de Campinas, publicou *Psicoterapia breve*. Yoshida, de São Paulo, em 1990, escreveu *Psicoterapias psicodinâmicas breves e critérios psicodiagnósticos*. Caracushansky, de São Paulo, em 1990, publicou *A terapia mais breve possível* e Lowenkron, do Rio de Janeiro, escreveu *Psicoterapia psicanalítica breve*, em 1993. Em 2004 publiquei, pela Casa do Psicólogo, o livro *Psicoterapia breve*.

A seguir, um resumo de algumas das principais vertentes da psicoterapia breve.

## 1.1 Alexander & French

Alexander e French (1946) propuseram variações técnicas em relação à psicanálise clássica: diálogos de caráter diversificado e não apenas associações livres, frequência das consultas variável conforme a necessidade, sugestões na vida cotidiana do paciente, utilização de experiências da vida real e manejo da transferência de acordo com o caso. Em suma, o planejamento, a flexibilidade do terapeuta, o manejo da transferência e do ambiente, a eficácia do contato breve e a importância da realidade externa foram os temas desenvolvidos por estes autores.

No livro, eles introduzem a noção de *Experiência emocional corretiva*, segundo a qual não é a recordação que cura um paciente, mas, sim, a vivência de uma nova experiência emocional de forma que “corrija” a antiga vivência traumática. Esta nova experiência ocorre na relação transferencial, e o terapeuta visa deliberadamente tal correção, mas também pode ocorrer em função de novas experiências da vida, segundo eles.

Ferenczi já se referia à importância da experiência, da vivência na relação terapêutica como forma de tratamento, contrapondo-se a Freud – que enfatizava a recordação e a construção. A diferença é que Alexander propõe corrigir intencionalmente uma experiência traumática, o que Ferenczi não admitiria. Alexander, ao ser mais ativo, entende que o paciente precisa de um terapeuta melhor, ou, pelo menos, diferente dos pais, enquanto Ferenczi, em sua técnica ativa, propunha que o paciente se confrontasse com ele mesmo.

## 1.2 Malan

David Malan foi aluno de Michael Balint e iniciou na *Tavistok Clinic*, em Londres, seus estudos em *psicoterapia breve* em 1954. Essa intervenção foi denominada *psicoterapia focal* (Balint; Ornstein; Balint, 1975). Os termos *conflito focal* e *conflito nuclear* foram descritos em 1958 pela primeira vez por Thomas French (1970).

Malan (1981) realizou estudos catamnésticos (acompanhamento após a alta) com vários pacientes, e chegou a um modo de trabalhar baseado em uma hipótese psicodinâmica de base explicativa da problemática principal do paciente, em interpretações transferenciais explicitadas no triângulo de *insight* de Menninger (1958) (relação primitiva, relação atual e relação transferencial), na posição face a face, no cuidado com o término da terapia (em geral o terço final é destinado à alta), no tempo limitado da psicoterapia breve colocado desde o início, na proposta de atenção e negligência seletivas voltadas para o foco, com número de sessões variando de 30 a 40. Seu estudo, por ser cuidadoso e detalhado, o torna um autor a ser lido e estudado com atenção.

Malan mostrou, por meio de pesquisas, que mudanças duradouras são possíveis mesmo em pacientes com problemas graves de personalidade, independentemente da antiguidade ou da profundidade das perturbações. Para ele, os fatores de bom prognóstico de uma psicoterapia breve têm a ver com possibilidade de focalização, motivação do paciente e natureza das interpretações, ligando os movimentos transferenciais às imagos parentais.

Concordo com Malan no que diz respeito à fixação de um prazo para o término da psicoterapia breve, à utilização do face a face, à importância da interpretação transferencial e da avaliação imediata da problemática principal do cliente. Discordo, porém, em relação à atenção e negligência seletivas, preferindo nesse caso, acompanhar Gilliéron com sua proposta das associações livres. A fixação de 30 a 40 sessões não é necessária, a meu ver, podendo variar para cada paciente, dentro do espaço de no máximo um ano.

## 1.3 Gilliéron

Gilliéron (1983/1986), um dos autores de referência de meu trabalho, faz um estudo da importância do enquadre na psicoterapia breve, discutindo como o término pré-fixado da terapia influencia o conjunto terapeuta-paciente. Gilliéron segue Malan ao considerar importante determinar com precisão a data da última sessão. Diferentemente de Malan, Gilliéron propõe seguir o livre curso das associações de seus pacientes, contrariando a proposta de atenção e negligência seletivas.

Gilliéron (1997), em função de acreditar que a psicanálise insiste em falar do indivíduo, agrega a *teoria sistêmica* ao seu arsenal teórico da *psicoterapia breve* (p. 88), pois considera a relação interpessoal fator importante para a compreensão da psicoterapia breve. Prefiro, para dar conta da mesma questão, permanecer na seara psicanalítica, e apoiar-me em Ferenczi e Winnicott. Minha concepção leva em conta a pessoa real do analista na realização do diagnóstico (sua reação emocional), enquanto Gilliéron (1996), embora fale em campo relacional, acredita que "toda relação com o outro fundamenta-se numa imagem que o sujeito (narcisismo) tem de si mesmo" (p. 161).

## 1.4 Sifneos

Sifneos (1993) tem um trabalho com base na teoria psicanalítica. Ele só indica para *psicoterapia breve provocadora de ansiedade* (STAPP), como ele a denomina para diferenciar de uma *psicoterapia breve de apoio* (que aliviaria tensões), pacientes com problemática edípica. Na psicoterapia breve provocadora de ansiedade, recorre-se a confrontações, esclarecimentos e perguntas passíveis de provocar ansiedade, estimulando a introspecção do cliente. Sifneos é ativo, adquire uma postura pedagógica diante de seu paciente, o que fica evidente nas descrições de caso que apresenta em seus livros (por exemplo, 1993) e vídeos.

Seus critérios de seleção são estritos. A motivação é um dos elementos chave para a indicação e bons resultados. Ele estabelece o foco edípico e centra seu trabalho nessa questão, não seguindo o curso das associações livres do paciente.

Em geral, o processo de terapia varia de doze a dezoito sessões, e o problema focal centrado (não se deve desviar do alvo terapêutico) pelo terapeuta precisa ser concluído antes que a neurose de transferência se instale.

## 1.5 Fiorini

Fiorini (1973/1978) deixa claro o que se pode considerar um trabalho *egóico* com base teórica psicanalítica, ao qual ele denomina *psicoterapia de esclarecimento*. O papel docente (pedagógico) do terapeuta coloca-o em um lugar de saber, o que difere da postura psicanalítica.

O trabalho proposto é predominantemente cognitivo, com duração de 3 a 6 meses, voltado para o futuro e para a realidade factual (social) do cliente, com o terapeuta mais ativo, com atenção voltada para o foco, usando interpretações transferenciais apenas para diluir obstáculos, pretendendo fortalecer áreas livres de conflito. Na psicoterapia breve de Fiorini, o manejo das sessões, a indicação de livros e filmes, a sugestão de conduta (viagens, falar com alguém sobre algum assunto fundamental para o problema do paciente em questão), tende a um contexto de discriminação e esclarecimento em que o *insight* abre espaço para a experiência emocional corretiva.

Nota-se, pois, que há diferentes maneiras de se entender a *psicoterapia breve*, de acordo com autores vários. Ao longo do texto, o leitor poderá notar as influências de Ferenczi na relevância dada à experiência na relação terapêutica, de Balint na importância da investigação da transferência, de Mann/Malan na questão do limite de tempo previamente estabelecido, de Gilliéron na utilização das associações livres e de Freud/Bergeret na escolha do foco.

Mas, e o casal, como entra nessa história?

# 2
# O entre

De modo geral, o casal vive em contínua relação com o ambiente. O conceito de 'entre' o atravessa como um todo: *entre* como espaço potencial de troca de experiências e vivências do casal; *entre* o casal e o inter/transgeracional: fantasmas, mitos, heranças; *entre* o casal e as famílias, entre o casal e o grupo social, entre o casal e seus filhos; *entre* o casal e a Sociedade; *entre* o casal e o habitat conjugal formado pelo casal; *entre* o casal-grupo e o intrapsíquico de cada um.

Do ponto de vista psicanalítico, a vida de um casal, assim como a terapia, transita entre o intrapsíquico freudiano, um espaço de realidade compartilhada e o que ocorre no *entre*, nos espaços criados pelo vínculo do casal.

Freud, pioneiro, nos deixou o legado de uma psicanálise estabelecida, com alguns fundamentos sólidos. A abordagem psicanalítica baseada na metapsicologia, com acento na pulsão, na libido e no intrapsíquico, tem ainda hoje seguidores obstinados.

O universo freudiano, pertinente à concepção da ciência mecanicista newtoniana do século XVIII, consagrou o psiquismo funcionando como um equipamento, uma engenhoca. Influenciado pela máquina a vapor da *Revolução Industrial*, o modelo de uma panela de pressão nos convida a pensar que a libido é o fogo, os deslocamentos e as condensações são o líquido em ebulição e o sintoma sai pela válvula de pressão como um vapor descontrolado.

Se assim se comporta o espectro freudiano, o panorama se altera quando Melanie Klein modifica esta visão para se dedicar ao jogo das relações.

## 2.1 Relação de objeto

A noção de relação de objeto, para Fairbain (1952/1980), conduz ao entendimento de que o desenvolvimento do ego não se processa de modo autônomo, o que o distancia da concepção freudiana de um desenvolvimento da libido a partir das zonas erógenas e da busca do prazer. Melanie Klein, assim como Fairbain, não admitia a possibilidade de serem consideradas as pulsões como dissociadas de um objeto.

A teoria das posições depressiva e esquizo-paranóide, o Superego precoce e a identificação projetiva, formulações originais de Klein, "levaram a mudanças na prática clínica, tais como as interpretações precoces da transferência (antes do que freudianos pensariam), incursões no funcionamento psicótico da personalidade e *presença* maior do analista" (Berenstein, 2001, s/p).

Antes de Klein (que foi paciente de Ferenczi, com início em 1914), a psicanálise mudou de rumo com Ferenczi, que discorreu com profundidade sobre os conceitos de contratransferência e de introjeção.

Para Ferenczi, se o paciente não melhorava, o problema talvez fosse do analista, o que o afastava do modelo observador/experimento de Freud. A partir das concepções de contratransferência e de introjeção, Ferenczi abriu as portas para um trabalho com novos enquadres, com a participação real do analista *presente* na sessão, com repercussões, portanto, no trabalho com casais em terapia.

Se para alguns (Laplanche; Pontalis, 1970), "considerar determinantes as relações reais com o meio é um desvio que será recusado por qualquer psicanalista, para quem a relação de objeto deve ser estudada essencialmente ao nível fantasmático" (p. 580), a teoria das *relações de objeto*, presente inicialmente em Karl Abraham (1924), em William Fairbain (1941/1980), em Michael Balint e depois em Klein e seus seguidores, desloca a ação da libido para o objeto, até chegar em Winnicott e em Bion, que consideram a relação com a *presença* do outro como pessoa real. São todos herdeiros de Ferenczi, de forma menos ou mais direta.

É esta passagem, do intrapsíquico para o vincular, que a terapia psicanalítica de casal e de família precisa fazer, para justificar a pertinência teórica de uma psicanálise grupal.

## 2.2 Presença

Nota-se, entre os psicanalistas, o esforço de diversos autores na construção deste "entre", ou o espaço entre o mundo intrapsíquico e o outro. Para tanto, é preciso sair do referencial da *representação*, onde tudo é mundo interno ou projeção, e passar para o conceito de *apresentação*, onde o outro é real, ou seja, ele existe independentemente do *mim*.

A *presença* do outro como pessoa real está embutida na concepção do *entre*. O conceito de *presença* exige a compreensão das diferenças entre representação e apresentação.

Em 1941, Langer (1895-1985), discípula de Ernst Cassirer e especialista em filosofia da arte, em seu livro *Filosofia em nova chave*, salienta a importância do *símbolo*, distinguindo os símbolos discursivos da linguagem e os símbolos abertos, apresentados ou *'presentacionais'* da obra de arte, que articulam a vida emocional do ser humano.

*Símbolo apresentativo* (Langer, 1941/1989), diferentemente do símbolo discursivo, é entendido pela articulação e pelas relações de *todos* os elementos que constituem a estrutura total do símbolo, uma articulação de experiências estéticas[1].

Para Langer, o indizível pode ser articulado na arte ou na música, por exemplo, que conseguem mostrar o que não pode ser dito. Neste sentido, o *símbolo apresentativo* só é entendido pela articulação de *todos* os elementos que compõem a sua estrutura total, indo além do discurso, da palavra.

Segundo Safra (1999), a experiência humana é de grande complexidade; há experiências que se expressam melhor pela linguagem discursiva, outras pelos símbolos orgânico-estéticos: toda a questão do *self* e da subjetividade centra-se no uso da imagem, da forma sensorial, que apresenta o estilo de ser do indivíduo, em gesto criador do outro e do mundo (p. 25-26).

O *símbolo apresentativo* "apresenta as diferentes sensações, as diferentes experiências do estar vivo, os sentidos

1 Cabe lembrar que estética é "o fenômeno pelo qual a pessoa cria uma forma imagética sensorial, que veicula sensações" (SAFRA, 1999, p. 20).

do encontro com o outro, as posições que o indivíduo ocupa no mundo humano" (Safra, 1999, p. 25).

A partir destes elementos, a intenção é salientar a importância da presença de um, no encontro com o outro, o que se dá para além do discurso e da compreensão do intrapsíquico.

## 2.3 Winnicott

Para a compreensão do *'entre'*, a noção do outro enquanto *presença*, como pessoa real se impõe; então, o *espaço transicional* de Winnicott se coloca como conceito fundamental para ultrapassar o intrapsíquico e ter acesso ao casal enquanto vínculo.

Para Winnicott, o bebê constitui seu sentimento de *self* através do ambiente, do rosto da mãe, das respostas faciais da mãe. O bebê ao ser reconhecido pelo outro, possibilita a sua própria existência como ser, a função do espelho. O corpo do bebê necessita da *presença* do outro, que reconheça a sua vitalidade e signifique suas necessidades instintuais. A essa tarefa, Winnicott chamou de *personalização*, para descrever a localização da psique no corpo.

Se para Freud o *objeto-mãe* é considerado matriz de todas as relações posteriores, para Winnicott a *díade mãe-bebê* é a *matriz* psíquica, ou seja, antes de sermos um, a mônada (uma unidade individual), somos dois (ambiente-bebê), a díade.

O bebê primeiro experimenta a mãe como objeto subjetivo (a mãe faz parte do bebê) e depois, aos poucos, consegue distinguir a mãe como objeto objetivo, ou real, separado dele.

Desde os primórdios há alguma atividade, alguma sensação *entre* a mãe e seu bebê. Para Winnicott, a mãe *apresenta* o ambiente (seio) e permite ao bebê ter a ilusão: "eu criei o mundo".

Note-se que a mãe (ou seu substituto) *apresenta*, ou seja, aqui não se trata de representação como no universo freudiano, mas *apresentação*, o que implica em considerar o outro como pessoa real. A partir do momento em que o bebê tem a ilusão de criar o mundo, ele está em um lugar *entre* a realidade objetiva e sua subjetividade: no espaço transicional.

Winnicott diferencia relação de objeto de uso do objeto. Na *relação de objeto*, o outro real não existe; o espaço psíquico e a relação com o outro se constituem a partir de um feixe de projeções e de introjeções. No *uso do objeto* o outro real existe, ele não é fruto de uma projeção, mas tem existência real independente do sujeito considerado.

No vínculo entre a mãe e o seu bebê, em algum instante a mãe é *objeto subjetivo*, quer dizer, ela não é real; em outro ela é *objeto objetivo*, ou seja, está no mundo externo, a realidade objetiva; em outro instante, os dois circulam no espaço transicional, *entre* a mãe e o bebê. É nesta relação ambiente-bebê que se constitui a realidade e a subjetividade, o espaço interno e o externo; o mesmo ocorre no vínculo de um casal.

Uma pessoa estará, pois, nos diferentes momentos de sua vida, em todos estes lugares psíquicos ao mesmo tempo: o outro é feixe de projeções, o outro é representação dentro do mundo interno, o outro faz parte da realidade objetiva e o outro está no espaço intermediário, ou espaço transicional. Em um relacionamento saudável, é na transição permanente entre estes espaços que se desenrola o vínculo do casal.

Segundo esta leitura de Winnicott, então, o espaço do *entre* é este *espaço transicional*, área intermediária de vivenciar, para o qual contribuem tanto a realidade externa quanto a interna, tanto o mundo interno quanto a presença do outro real.

Segundo Levy e Féres-Carneiro (2008), "entre os espaços transicionais de cada um dos membros da família constitui-se uma espécie de espaço comum, onde algo pode ser partilhado. Neste espaço psíquico comum circula a atividade fantasmática de cada membro da família" (p. 32).

O espaço do *entre* é constituído de palavras, (aí incluídas a entonação da voz, com sua melodia e suas pausas), do não verbal como a postura corporal, dos olhares e dos gestos (os *símbolos apresentativos*, orgânico-estéticos, descritos acima), por exemplo, mas também deste universo do inefável, de trocas que são experimentadas no vínculo e que não são passíveis de serem decodificadas, apenas intuídas.

Para Winnicott, o *brincar* (as trocas significativas) está entre o subjetivo e o objetivamente percebido. É neste espaço potencial que o brincar se desenrola. A *comunicação significativa* é experimentada no espaço transicional criado no vínculo do casal. Na saúde, é no espaço transicional que a fantasia e a realidade de encontram e se tornam uma só.

A *comunicação* ocorre por meio da mutualidade na experiência, ou a superposição dos espaços potenciais. Quando um vínculo duradouro se estabelece, a vida do casal é realizada na superposição de duas áreas do brincar, de um e de outro cônjuge.

Lembrando que a tensão entre a realidade interna e a realidade externa jamais se extingue, a vida de um casal, assim como a terapia, transita entre a realidade compartilhada, entre o intrapsíquico freudiano e o que ocorre no *entre*, no espaço transicional criado pelo vínculo do casal.

## 2.4 Berenstein & Puget

Janine Puget e Isidoro Berenstein, psicanalistas argentinos, referem-se ao *entre* ao discorrer sobre o vínculo (Puget; Berenstein, 1997).

Berenstein (2001) define vínculo a partir da relação de *presença*; para ele, o outro do casal existe na plenitude de sua alteridade, em uma relação de *presença* que codifica o relacionamento.

Desta forma, transporta-se do terreno intrapsíquico para o campo da intersubjetividade. A relação não é mais compreendida entre sujeito-objeto, mas entre sujeito-sujeito.

Não se está apenas no terreno da repetição (transferência), mas a *presença* do outro (o alheio – *ajeno*) produz uma estranheza, uma imposição, algo que não se incorpora, mas permanece desconhecido.

Isidoro Berenstein e Janine Puget são autores importantes na formulação da *teoria das configurações vinculares*, que pode ser entendida como um estudo psicanalítico dos vínculos.

# 3 Psicoterapia psicanalítica de casal

Autores da Tavistok Clinic na Inglaterra, os grupalistas na França e os teóricos das configurações vinculares na Argentina procuraram, ao longo dos anos, entender como se constitui o vínculo, o que ocorre e como se configura esse *entre* do casal, grupo ou família. É o que veremos a seguir.

## 3.1 Tavistok Clinic

As terapias psicanalíticas de casal e de família têm muito em comum, tanto em seus aspectos teóricos quanto em sua *práxis*. Elas têm seus primórdios, na Inglaterra, com a agência de estudos de casos *Family Welfare Association* (FWA) em 1869. Ainda sem contar em seus quadros com os profissionais da psicanálise de casal e família, a Tavistok Clinic em Londres tem início em 1920.

A *Segunda Guerra* (1939-45) trouxe diversos problemas para casais e famílias: entre eles, além de uma série incontável de lares desfeitos, basta mencionar a evacuação de crianças de Londres para o interior da Inglaterra, em função dos bombardeios nazistas, com a consequente separação de suas mães, ocupadas que estavam nas fábricas de armamentos, além dos casamentos dos soldados americanos com jovens inglesas e suas inevitáveis diferenças culturais daí decorrentes. É possível, então, imaginar as inúmeras questões que se colocaram para os estudiosos dos dilemas familiares.

Enid Eichholz (Enid Balint em 1953), membro da equipe da FWA, inicia em 1947 estudos sobre problemas maritais com outros colegas. Este grupo se aproxima da *Tavistok Clinic* e cria o *Family Discussion Bureau* (FDB) em 1948. Ela convida seu futuro marido Michael Balint, o primeiro psicanalista do grupo, para dar supervisões. Então, iniciam o estudo das relações de divórcio, separação, desarmonia e tensões familiares, inclusive com a chegada de J. D. Sutherland em 1953.

Em 1956 o FDB se liga à *Tavistok*. Em 1979 mudam-se para o edifício da *Tavistok*, de onde saem em 2009 sem nunca terem tido uma ligação formal com a Instituição. Alteram o nome, em 1988, para *Tavistok institute of marital studies* (TIMS), nome que perdurou até 2005; agora sua denominação é *Tavistok centre for couple relationships* (TCCR). Nota-se pelas mudanças de nome e de prédio e pelo fato do grupo nunca ter se ligado formalmente à *Tavistok*, que provavelmente este casamento não deve ter sido muito simples.

Atualmente a *Tavistok and Portman NHS Trust* continua na *Tavistok Centre*, em Hampstead e a TCCR mudou para o centro de Londres. Ambos são herdeiros da fundação que iniciou a *Tavistok Clinic* em 1920 e compartilham seus fundamentos teóricos. Para simplificar, daqui em diante, quando me referir à *Tavistok*, a alusão será ao grupo tanto da FDB, da NHS, da TIMS ou da atual TCCR.

As primeiras publicações da *Tavistok* foram Bannister et al, em 1955 e Lilly Pincus em 1960. São autores tradicionais da TIMS: Searles, Pincus, Dicks, Ruszczynski. Teoricamente foram influenciados por Freud, Jung, Balint, Sutherland, Fairbain, Bowlby, Heimann, Winnicott, Klein, Bion, B. Joseph, D. Meltzer e M. Milner.

Segundo Ruszczynski (2005), são aspectos teóricos relevantes da TIMS:

- O desenvolvimento humano constrói um mundo interno inconsciente a partir das experiências com as primeiras relações significativas da infância. Situações, relações, eventos, reativam estes resíduos das imagens primitivas que se repetirão na transferência com o terapeuta. A história das relações objetais dos pacientes ganha vida na transferência.
- A relação de casal pode ser compreendida como relação de transferência mútua.
- Projeção, identificação projetiva, introjeção, identificação introjetiva, fazem parte do desenvolvimento normal e são empregados em qualquer relacionamento.
- Se a postura defensiva for muito rígida, as fantasias e ilusões do casal podem restringir as características do relacionamento.
- O paciente da terapia de casal é a relação do casal, a interação mais do que cada um deles.
- A natureza dinâmica da interação se dá a partir de partes projetadas e evacuadas (*split-off*) de si, localizadas no outro (a força com que é projetada, recoberta e como se lida com o outro). Em situações

extremas, o parceiro nem se relaciona com o outro, mas com projeções e identificações.

- Em relação à contratransferência, são fundamentais os estudos de Paula Heimann, em 1950: os sentimentos e as atitudes do terapeuta podem ser compreendidos como mais do que sua simples reação ou transferência ao paciente; o uso das respostas afetivas do terapeuta abriu campo de estudo e de trabalho.
- O mecanismo da identificação projetiva (Klein, 1948), concebido não apenas como mecanismo de defesa, mas como meio inconsciente de comunicação.
- Alguns sentimentos que circulam no terapeuta foram projetados pelo paciente como defesa, mas também como meio de comunicação inconsciente de aspectos do mundo interno do paciente. O terapeuta deve ter consciência deles, para não atuar.
- O espaço potencial de Winnicott pode ser pensado como a área onde a interação do casal ocorre. O relacionamento do casal existe no espaço entre os dois parceiros da relação. A relação de casal é a arena onde se dá o interjogo constante entre o intrapsíquico e o interpessoal. A alteridade do parceiro interage com a realidade interna o tempo todo.

O trabalho clínico:

- Década de 40 e 50: cada membro do casal tinha seu terapeuta. Em 1960/70, o casal passou a ser atendido em conjunto, e também em sessões individuais. Quanto mais projeção, cisão, denegação, mais importante o trabalho do casal em conjunto. Com o tempo, o casal se tornou o foco da terapia. De 1970 em diante a coterapia é a preferência, com atenção ao conceito de identificação projetiva, particularmente como ocorre na transferência e na contratransferência, entre o casal e com os terapeutas.

- Quando as ansiedades paranoides e persecutórias são muito intensas, sessões individuais podem ser necessárias; na depressão grave também.
- Quando os casais têm problemas, as crianças têm sintomas.
- O trabalho dos assistentes sociais é importante.

Pesquisas em desenvolvimento (2005):

- Pesquisa sobre como o primeiro filho afeta a vida do casal.
- 1/3 dos primeiros casamentos e ½ dos segundos terminam em divórcio. Pesquisa: impacto disso nas crianças.
- Pesquisa a partir dos anos 80: impacto do desemprego na relação de casal.
- Pesquisa sobre a tipologia dos problemas conjugais.
- Melhor co-terapia ou apenas um terapeuta?
- Segundo Scharff e Scharff (2014), o modelo de estrutura psíquica de Fairbain influenciou os autores da Tavistok.

Fairbain sustentou que o indivíduo se organiza, ao longo de sua vida, em função da necessidade de relacionamentos afetivos. O bebê procura a relação com sua mãe (ou cuidador), mas inevitavelmente encontra algum desapontamento, por exemplo, quando a mãe não está disponível, ou quando a aflição do bebê é muito grande. A mãe, com seu comportamento, pode amparar ou estressar, e seu bebê introjeta estas experiências, criando afetos correspondentes, o que influencia suas respostas emocionais: o objeto que rejeita é conectado a afetos de tristeza e de raiva; o objeto caloroso é conectado a afetos de aproximação, enquanto permanece no ego central um ideal de objeto pleno de afetividade e de satisfação (Scharff & Scharff, 2014).

Nyberg (2011) lembra que Dicks (1967) construiu sua teoria sobre o casamento integrando elementos de Fairbain e de Klein, adicionando posteriormente Bion com as contribuições de continente e valência. Para ele, casamento é um estado de contínua identificação projetiva mútua. A interação do casal pode ser entendida tanto em termos de necessidades conscientes de cada parceiro como em termos de pressupostos inconscientes compartilhados.

Scharff e Scharff (2014) adicionaram outros aspectos, como a relação mãe-bebê de Winnicott, que descreveu três elementos básicos: a mãe ambiente, o objeto mãe e a parceria psicossomática.

Para estes autores, seguindo Winnicott, podemos dizer que, em um contexto de intimidade e de segurança, o casal experimenta uma interpenetração entre corpo e mente. Eles se tornam objetos internos um para o outro, influenciados pelas relações objetais internas precedentes ao encontro dos dois, sendo modificados pelas novas experiências do casal, construindo novas organizações internas. O espaço transicional é também o espaço entre o mundo interno e o externo para a mãe e para o bebê, e o espaço de trocas entre os seus mundos internos individuais.

Segundo Scharff e Scharff (2014), outro autor importante para a Tavistok foi Bowlby, que escolheu uma abordagem etológica para explorar a proposta de Fairbain de que os relacionamentos são as forças que impulsionam as motivações humanas.

Revendo estudos sobre o comportamento mãe-bebê entre diversas espécies de animais, Bowlby notou que todos os primatas tinham comportamentos instintivos como sugar, agarrar-se, chorar e sorrir, e que estes nada tinham a ver com liberação de agressão ou de prazer sexual. Na teoria do apego de Bowlby, estes padrões instintivos têm a ver com garantia de proteção, proximidade e conexão emocional e que, quando estas necessidades de proximidade não são alcançadas, o resultado é a patologia.

Pesquisadores da Tavistok, como Clulow, aplicaram a teoria do apego à dinâmica do casal. Em resposta ao relacionamento do dia a dia, os casais experimentam distância ou argumentam como rejeição, situações que são análogas à separação emocional infantil. Da mesma forma, eles sentem o intervalo entre as sessões como separação e união, transferindo para o terapeuta suas histórias com seus cuidadores/ambiente primitivos.

Segundo este conjunto de autores, relativo às experiências e concepções teóricas do grupo da Tavistok ao longo dos anos, é possível estabelecer um quadro das técnicas da terapia de casal, de acordo com Scharff e Scharff (2014):

- manter o enquadre; – manter uma atitude de imparcialidade; – seguir o afeto; – reconhecer a história das relações objetais como momentos afetivos centrais; – avaliar o estilo do apego; – avaliar o sistema da identificação projetiva; – utilizar a contratransferência para detectar a transferência; - integrar questões sexuais na terapia; - trabalhar com sonhos e fantasias; - interpretar padrões defensivos; - compreender as ansiedades básicas.

## 3.2 Grupalistas

Os autores que acentuam a noção de vínculo, assim como os grupalistas na França e a Tavistok na Inglaterra, estudam o que ocorre entre os membros da díade-casal.

Pode-se atentar para as primeiras concepções de vínculo, no século passado, tanto em Martin Buber (1923/1974) quanto em Edmund Husserl (1929/2001). Husserl, nas suas *Meditações cartesianas* (1929/2001), desenvolveu argumentações centrais sobre a fundamental importância da experiência intersubjetiva para a formação da subjetividade.

Buber, em seu livro *Eu e o tu* (1923/1974), salienta a diferença entre eu-tu e eu-isso. No *eu-tu* a pessoa entra em relação, deixa-se impactar, deixa-se atravessar pela presença viva do outro, seja este outro uma pessoa, uma situação, uma obra ou um ente qualquer (Luczinski; Ancona-Lopez, 2010).

Eiguer (2008), em seu livro *Jamais moi sans toi*, salienta que Buber, em seu texto de 1923, defendeu a ideia de que os humanos estão em relação de mutualidade, colocando no centro de suas reflexões o diálogo, no sentido amplo de uma troca, que implica os dois protagonistas do vínculo de forma profunda.

Note-se, pois, que a ideia de vínculo não é recente; está implícita, inclusive, nos estudos de Winnicott e de Bion, por exemplo.

Diante da pergunta a respeito do que é um casal, Lemaire (1998) lembra que o vínculo do casamento é legal, enquanto o vínculo do casal é afetivo. Pode-se pensar que no casal, coexistem cinco vínculos pelo menos: um vínculo moral, um vínculo religioso (para alguns), um vínculo social (casamento), um vínculo afetivo (amor) e um vínculo sexual.

Para Herrmann (2003) o casamento não é uma relação dual, porque não é sequer uma relação, mas sim um campo, um organizador da experiência, um conjunto de regras, uma estrutura determinante das relações; mesmo as relações extra-conjugais só se podem dar dentro do campo do casamento (p. 148/9).

Alguns autores da psicanálise de casal e de família influenciam o trabalho de quem se aventura por este caminho. A questão teórica a ser delineada é a passagem do modelo intrapsíquico da metapsicologia freudiana para o interpsíquico, do intrassubjetivo para o *intersubjetivo*, do um para o *entre*, do sujeito para a *díade*, do singular para o *vínculo*. Cada autor procura entender como é esse *entre*, como ele se dá, do que é constituído, como são suas articulações.

Neste sentido, os trabalhos dos teóricos *grupalistas* entram em cena. Nomes como Pichon-Rivière e René Kaës norteiam o início das concepções sobre o grupo. Seminais autores da língua francesa, como J. Lemaire, A. Ruffiot e A. Eiguer beberam na fonte de Kaës, que por sua vez se baseou também em Didier Anzieu e Pichon-Rivière.

### 3.2a Pichon-Rivière

Pichon-Rivière (1907-77), que na Argentina desenvolveu um trabalho baseado em Freud, Klein, Lewin e Moreno, define *grupo* (Pichon, 1983/1998) como um conjunto restrito de pessoas que, ligadas entre si por constantes de tempo e de espaço, e articuladas por sua mútua representação interna, se propõem de forma explícita ou implícita à realização de uma tarefa, que constitui sua finalidade, interatuando para isso através de complexos mecanismos de adjudicação (entregar aos outros o que é seu) e assunção (assumir o que é dos outros para si) de papéis.

Segundo Solange Aparecida Emílio[2] (2014), Pichon propõe termos como o *porta-voz*, ou seja, aquele que traduz através de sua fala e das suas ações, os sentimentos e as ideias que circulam no grupo, aparentes ou não; o *bode expiatório*, aquele que recebe e aceita a carga negativa do grupo, deixando-o mais leve e produtivo, pois o grupo nele projeta seus pontos negativos; o silencioso; o líder (de mudança e de resistência) e o sintetizador; o *grupo operativo*, (escritos originais datam de 1960, publicado em 1981), ou seja, um grupo centrado na tarefa (1964, publicado em 1971), com foco no aqui-agora-comigo na tarefa e interpretações em duas dimensões: vertical (história pessoal) e horizontal (dimensão grupal atual). Esta abordagem, inovadora na época, permitiu pensar e trabalhar com grupos, através de uma ruptura epistemológica com o in trapsíquico freudiano (material de aula dada no Sedes, 2014).

Pichon (1982/1988) definiu *vínculo* – em escritos de 1956 e 1957, publicados no Brasil em 1988 –, como uma estrutura complexa e dinâmica, em contínuo movimento, que inclui um sujeito, um objeto, e sua mútua inter-relação com processos de comunicação e de aprendizagem; uma relação em espiral dialética onde tanto o sujeito como o objeto se realimentam mutuamente.

Para ele, o vínculo é bi-corporal e tripessoal, isto é, em todo vínculo há uma presença sensorial corpórea dos dois,

2 Presidente do NESME (*Núcleo de estudos em saúde mental e psicanálise das configurações familiares*). Comunicação pessoal em 2014.

mas há um personagem que está interferindo sempre em toda relação humana, que é o terceiro.

Pichon influenciou toda uma geração de psicanalistas e psicólogos, inclusive Käes e Berenstein.

### 3.2b André Ruffiot

Ruffiot (1927-2010), que pode ser considerado o *pai fundador* da terapia familiar na França, introduziu, desde 1960, um novo paradigma: psicanalisar a família.

Ensinou em Grenoble a partir de 1970. Colaborou estreitamente com Anzieu e Kaës, e na formação de psicanalistas em Lyon, em Paris, por exemplo. Foi fundador de diversas associações na França, tendo sido membro honorário da AIPCF.

Teve como referências, além de Anzieu e Kaës, também Lemaire, Bergeret, Cosnier, Fain, Guillaumin, Lebovici, Pasche, M'Uzan, P. Racamier, e na terapia de casal, Eiguer, Granjon, Caillot e Decherf.

Publicou em 1981 o texto *Le groupe-famille en analyse: l'appareil psychique familial* no livro publicado junto com Alberto Eiguer, *La thérapie familiale psychanalytique*, onde ele propõe uma descrição da técnica da terapia familiar psicanalítica e um enquadre analítico para a família, com suas regras e indicações.

Ruffiot, segundo Christiane Joubert, propôs um enquadre para escutar a família, como a regra da presença bi ou multigeracional na sessão, alternando com a presença da família toda; a regra da associação livre em família; a regra da abstinência imposta aos pacientes e aos terapeutas que renunciam a dar conselhos e renunciam ao orgulho educativo e terapêutico.

Desta forma, Ruffiot abriu as portas para a psicanálise de família, com a ideia de escutar o seu sofrimento na trama associativa grupal familiar, com todos os membros da família reunidos no *neogrupo* (E. Granjon), no encontro do aqui e agora da sessão. A indicação se coloca em seguida às entrevistas iniciais e diz respeito a famílias sofrendo de uma disfunção do aparelho psíquico grupal.

Segundo ele, o aparelho psíquico familiar, em ressonância com a noção de aparelho psíquico grupal de Kaës, tem como função essencial conter os psiquismos individuais (a função alpha da mãe, partilhada por todos os membros da família), permitir a seus membros que realizem uma integração somatopsíquica e estruturem um Eu individual diferenciado.

O aparelho psíquico familiar é a matriz de todo aparelho psíquico grupal. O aparelho psíquico familiar é um aparelho feito de *psiché* pura (o individual é o corporal, o grupo é psíquico em essência); seu funcionamento é de tipo onírico e ele resulta dos *Eus* psíquicos primários individuais.

Em 1984, publica *Le couple et l'amour: de l'originaire au groupal*, na obra coletiva *La thérapie psychanalytique du couple* (Ruffiot, 1984/1991), onde entende o amor como ilusão de dois corpos por uma unidade única. É sobre esse texto que vou me debruçar em seguida, em função da importância de sua abordagem do amor conjugal, qual seja, a forma como o casal organiza a díade, pela força da união conjugal.

## O casal e o amor

No texto *O casal e o amor: do originário ao grupal*, Ruffiot (1984/1991) aponta duas finalidades do amor: o casal persegue um fim biológico para a reprodução e o cuidado com os filhos, e outro bio-psicológico-pulsional para a satisfação do instinto de acasalamento, da pulsão sexual, em condições de segurança, de regularidade e de segredo.

Para ele, procriar é recuperar a unidade inicial; é desaparecer como indivíduo e se refundar como espécie. Pelo ato sexual, homem e mulher procuram recompor o ser único (assim se justifica a eterna perseguição do outro), pois da separação dos sexos nasce a incurável solidão do ser humano.

A mãe-objeto é considerada por Freud como a matriz de todas as relações ulteriores. Para Ruffiot, como para Winnicott, o primário é a díade mãe-bebê; a matriz psíquica não é mais a mãe, mas a relação mãe-bebê.

Para Freud (1914/1969), segundo o *tipo narcísico*, ama-se: o que se é; o que se foi; o que se gostaria de ser; a pessoa que foi uma parte do próprio self. Para Freud, segundo o *tipo anaclítico* (de apoio), ama-se: a mulher que nutre; o homem que protege.

### A díade amorosa

Ruffiot aprofunda as relações da *díade amorosa*. Para ele, a intervenção psicológica copiou o modelo 'um médico – um paciente' que reduz o real à menor unidade observável: o indivíduo-soma. O pensamento, assimilado ao cérebro, acredita fazer parte do soma, mas, de fato, a psique não está presa, limitada; então, a mônada se liga a outras mônadas, lembrando que a *díade amorosa* possui as características de um psiquismo trans-individual, supra-individual, com uma tópica própria, uma dinâmica e uma economia específicas.

*Tópica diádica*: a referência dos lugares psíquicos do casal. Os enamorados funcionam como um ego único e se desembaraçam momentaneamente de seus narcisismos: terão projetos em comum, tomarão decisões conjuntas, encontrarão um local comum, um espaço matricial comum, farão uma criação comum e se maravilharão com a autoprodução de sua dupla. Neste sentido, na terapia de casal, é importante verificar estes pontos, como os projetos em comum, os filhos, a casa, por exemplo.

Características da tópica diádica: o casal vive a ilusão de um id comum, vivido a partir de uma superestimação sexual, a idealização dos corpos; o superego do casal se dissipa sob o efeito da reciprocidade do desejo (a culpa desaparece); a vergonha (ideal do ego) dá lugar ao exibicionismo e voyeurismo dos corpos complementares; o ego ideal do casal, que é inspiração de uma fusão impossível, experimenta-se na experiência do orgasmo compartilhado. O casal se ama, da mesma forma que o Ego individual, quando se investe narcisicamente, se ama.

*Dinâmica diádica*: O conflito se dá na forma de uma defesa dos limites da unidade-casal contra a intrusão do ambiente; o casal se esconde para manter contatos íntimos.

*Economia diádica*: uma troca e uma regulação de energia psíquica se instalam desde o início da constituição da díade amorosa. Ter prazer, conservar a espécie, cuidar dos filhos, são fatores importantes para a estabilidade do casal, mas falta considerar que não se dá uma simples adição de dois potenciais energéticos, com empobrecimento de um e de outro, mas um novo psiquismo, *diádico*, apoiado sobre dois somas em uníssono, criando um sentimento de energia inesgotável (constantemente renovável). A libido (oral, anal, fálica e genital), tanto narcísica como objetal, se regenera continuamente, se amplifica, se intensifica, como se os objetos mutuamente investidos fossem receptores de um 'pleno energético' constituído por uma massa libidinal transbordante por todos os lados. O amor, enfim, o amor .

Este amor-paixão é durável? Não, mas o casal se alimenta do período inicial fecundo, da ilusão plena de riqueza energética do *sujeito-casal*, vivida no início da descoberta do outro físico e psíquico; na verdade, redescoberta edípica e do amor primário da mãe. Perguntar sobre a história do casal é importante sob vários aspectos, um deles é saber se a paixão ocorreu no início, e como; lembrar disso, cria um clima interessante na sessão, permitindo aprofundar aspectos importantes.

### Ilusão diádica / ilusão egóica

Ilusão diádica? Sim, *mas* tão ilusória quanto a identidade individual, que é uma idealização, uma fascinação contínua do (Moi) *Eu* (mim). A consciência tende a uma organização unitária, se agarra a um nome, desconhece a multiplicidade de papéis intrapsíquicos, acredita que um Eu habita a consciência. O Eu é um logro, uma ilusão. Um Eu que ama outro Eu, está tão iludido quanto um Eu que ama a si mesmo.

### O casal e o originário

Na posição psicanalítica clássica, o estado amoroso é reprodução dos amores edipianos infantis, da relação de amor oral primária com a mãe, mas é também criação. Este sentimento de criação, esta experiência de um 'jamais ainda vivido' é decorrente do retorno do recalcado edipiano, ou de uma re-projeção no real de uma relação da fase esquizo-paranóide, relação toda-boa com uma mãe que mantém a ilusão da fusão e da criação (David, 1971).

Ruffiot propõe que a procura do casal amoroso reenvia para uma inscrição psíquica mais arcaica: o *pictograma*, descrito por Aulagnier (1979) como uma marca no espaço psíquico *originário*.

É preciso recorrer ao conceito de originário para dar conta do caráter de experiência original: do *jamais ainda vivido*; da *estranha familiaridade* da descoberta amorosa; e da *inquietante estranheza do* desinvestimento amoroso nas rupturas do casal.

O casal é em essência, grupal: o fundo representativo, espaço originário que registra, inscreve nossas experiências corporais mais primitivas, não pertence ao espaço individual; o originário é em essência, familiar, grupal.

Na vivência amorosa, o pictograma positivo gera uma perda dos limites do Eu, um sentimento de fusão com o Outro. Os amantes são invadidos pelo sentimento oceânico, sentimento de união íntima com o grande *Todo*, com o ambiente. Amor é também amor de espécie: o instinto sexual é, junto com o amor pela vida, a mola mais possante que impulsiona o homem, sempre segundo Ruffiot.

### O casal em desamor

Por outro lado, o desamor é desilusão grupal. Os casais em ruptura vivem e revivem fenômenos psíquicos da mesma natureza que os amorosos, mas em negativo. Os mecanismos de defesa de negação, clivagem e idealização têm o objetivo de desligamento dos corpos. Desamor não é ausência de amor, indiferença, não é retorno ao neutro; é amor em aflição, em nostalgia, em sofrimento. O que antes era conjugal, agora se transforma em "sub-jugal", sentimento de jugo, submissão insuportável sentida como atentado à individualidade; não há como reconstituir o 'envelope' físico do casal.

O casal em crise tem dificuldades profundas com o *self conjugal* e não simples dificuldades de adaptação física ou psicológica de um ao outro.

Na teoria sistêmica, noções de simetria e complementaridade (Palo Alto) são apenas fruto de uma perspectiva pragmática, quase comportamental, de um casal observado como um conjunto de dois aparelhos isolados.

Para Ruffiot, o casal não é o resultado de uma adição de dois egos, mas o fato de uma "psicose normal" que é o estado amoroso, fusão de dois psiquismos. Daí, na hora da separação, o casal se sente perdendo sua pertinência ao grupo, à sua família de origem, mas também ao grupo social maior.

Nesta situação, a produção onírica do casal está bloqueada, o espaço primário torna-se vazio, silencioso, o diálogo dos Eus se torna operatório, fisgado por uma realidade bruta e sem perspectivas. Os psiquismos perderam sua âncora corporal, os corpos perderam sua ligação psíquica, seu poder de representação na esfera mental. O sofrimento dos cônjuges é tão grande que bloqueia toda a vida fantasmática.

O casal em desamor, diante do silêncio do desaparecimento da mutualidade dos corpos, tenta viver sua díade sem corpo, sem sexo, para tentar manter o casal-grupo, no qual a fusão psíquica se mantém; então, o casal regride à vivência pós-natal onde o psiquismo infantil se dilui no aparelho psíquico familiar.

Nestes casos, a terapia precisa diferenciar entre o aparelho psíquico individual e do casal a fim de auxiliar a recriação do envelope que contém os dois *Eus*, ou ajudar a fazer o luto da separação do aparelho psíquico comum.

### 3.2c René Kaës

Käes sofreu influências, principalmente de Freud, Winnicott, Piera-Aulagnier, Pichon-Rivière e Didier Anzieu[3].

3 Käes continuou o trabalho sobre grupos iniciado por Didier Anzieu (1923-1999). Anzieu, que apoiou seus estudos inclusive em Bion, escreveu *O grupo e o inconsciente: o imaginário grupal*, em 1975. Anzieu fundou, em 1962, com René Käes e outros, o *Cercle d'études françaises pour la formation et la recherche active en psychologie* (CEFFRAP), que foi extinto em 2014.

Para Kaës, o psiquismo humano repousa sobre três pilares principais: a sexualidade infantil, a fala e os vínculos intersubjetivos. O autor desenvolveu conceitos como: o aparelho psíquico grupal; as alianças inconscientes, os pactos e as transmissões; o sujeito no grupo e o sujeito do grupo; e as funções fóricas.

Kaës escreveu, entre outros, o livro *L'appareil psychique groupal* em 1976, mas o texto a seguir se baseia em seu livro *Um singular plural*, de 2007.

## Aparelho psíquico grupal

O *aparelho psíquico grupal* é um espaço psíquico comum e partilhado, uma criação (construção) de entidades psíquicas que não se produzem sem o agrupamento. Nele se representam os objetos, as imagens, as instâncias e os significantes que os membros do grupo trazem para o grupo e que são daí por diante geridos e transformados pela organização deste.

Ele liga, reúne, põe em conflito e em acordo entre si as partes da psique individual mobilizadas para construir o grupo. É uma estrutura independente dos psiquismos individuais que ele reúne segundo suas leis próprias, possui sua própria organização e seu funcionamento, com uma lógica diferente daquela que governa o indivíduo. O comum e o partilhado prevalecem sobre o privado.

O aparelho psíquico grupal é criado nas fronteiras[4] entre o intrapsíquico e o intersubjetivo; seu conteúdo é onírico

4 Estes conceitos são todos complexos, porque também cada autor entende à sua maneira, pois o abstrato é sem limites. Será que o espaço psíquico é criado "nas fronteiras" entre o intra e o inter, como foi afirmado nesse texto? Se são todos conceitos sem substância concreta, o que seria uma fronteira? Temos uma necessidade de compor imagens e daí, será uma fronteira, ou dois conjuntos que se entrecruzam?

e relativo às contribuições do processo primário de cada membro do grupo. O aparelho psíquico individual se forma, por um lado, nessa aparelhagem, procede dela e nela se transforma, dela se diferencia e, em certas condições, adquire autonomia (Kaës, 2007/2011, p. 116).

Para ele o sujeito não é instância, substância, mas função; a pergunta não é "quem é ele?", mas sim "no que ele se encarna, onde e como ele se materializa". O sujeito da psicanálise não é o mesmo da cultura, da filosofia e da política.

## O sujeito do inconsciente

O sujeito do inconsciente está submetido às formações e aos processos do inconsciente, está sob o efeito de uma ordem, de uma instância, de uma lei que o constitui em sujeito. Esta sujeição não é só um processo interno, mas inscreve-se também nas relações mútuas entre o sujeito e o outro (Kaës, 2007/2011, p. 222). O ser, então, submetido a uma ordem anterior a ele, da família e das gerações (da cultura), se constitui como humano em um processo de subjetivação que torna possível tornar-se *Eu*, pensando seu lugar de sujeito no interior de um *Nós*.

Será desejável tecer imagens, ou seria melhor evitá-las e permitir que o conceito fluísse sem limites? É possível ficar sem imaginar o que seria um aparelho psíquico, individual ou grupal? Em todo caso, tentar imaginar o que se passou na cabeça de cada autor, pode ser uma tarefa simples para alguns e algo impossível para outros.

Talvez o melhor seja cada leitor configurar uma forma possível para si mesmo de compreensão, sem abandonar o texto porque não conseguiu atingir "exatamente" o significado "correto", ou "único", de cada conceito, para cada autor estudado.

E um autor quando escreve, nem sempre entendeu (não parece ser o caso de Kaës), ou simplifica o outro autor que inclusive cita; ou entendeu à sua maneira e nos confunde, o que é perfeitamente plausível, porque neste mundo ninguém é dono da verdade.

Para complicar, muitas vezes, acreditamos que falamos da mesma coisa quando nos referimos ao aparelho psíquico, à interfantasmatização, à colusão, por exemplo. Será? Vai daí, caro leitor, relaxa e leia da sua maneira; mais de uma vez, de preferência, se possível.

O sujeito do inconsciente se forma na divisão entre a realização de seu próprio fim e sua inscrição nos vínculos intersubjetivos. A história de sua formação como Eu é ao mesmo tempo a de sua sujeição a esse lugar, e a das distâncias que o sujeito terá que experimentar e sustentar em relação ao lugar prescrito (Kaës, 2007/2011, p. 226).

Para Freud (1921/1969), o outro é objeto, modelo, apoio e adversário, e seu conceito teórico-clínico correspondente é o da identificação. No entanto, acrescenta Kaës (2007/2011),

> apenas com este conceito, assim como com o de relação de objeto, não podemos construir uma teoria psicanalítica do vínculo, pelo motivo de que no vínculo o outro é encontrado em sua concretude e não pode ser reduzido ao mundo interno de seus sujeitos. (p.19)

Uma consequência dessas proposições é que existe para uma parte de cada sujeito do inconsciente um lugar ectópico ou extratópico, um *topos* inacessível pela terapia individual e, portanto, impensável com as categorias da metapsicologia daí resultantes (Kaës, 2007/2011, p. 227).

Note, Kaës transita sobre conceitos que não são fixos, eles flutuam entre o individual e o grupal, o sujeito é ao mesmo indivíduo e grupo, ele constitui e é constituído ao mesmo tempo, não há intrassubjetivo isolado do intersubjetivo.

### Intersubjetividade

Para Kaës a intersubjetividade não é somente a parte constitutiva do sujeito que se dá na subjetividade do outro, ou seja, não se reduz a fenômenos de interação; é a estrutura dinâmica do espaço psíquico entre dois ou mais sujeitos.

A intersubjetividade é o espaço e a experiência da realidade psíquica que se especifica por suas relações de sujeitos enquanto sujeitos do inconsciente. A intersubjetividade é aquilo que partilham esses sujeitos formados e ligados entre si por suas sujeições *recíprocas* aos mecanismos constitutivos do inconsciente como os recalques, negações em comum, fantasias e significantes partilhados, desejos inconscientes e as proibições fundamentais que os organizam (Kaës, 2007/2011, p. 22).

Nos conjuntos intersubjetivos primários (díade mãe-filho, casal parental, família) e secundários (grupos, instituições), formações do inconsciente se transmitem através da cadeia de gerações e dos contemporâneos, segundo as modalidades fixadas pelas alianças, pelos pactos e pelos contratos inconscientes.

Kaës aprofunda a questão das alianças inconscientes, os pactos e os contratos.

### Alianças inconscientes

Kaës chama de *aliança inconsciente* uma formação psíquica intersubjetiva, construída pelos sujeitos de um vínculo para reforçar em cada um deles, e estabelecer, na base de seus vínculos, os investimentos narcísicos e objetais de que eles têm necessidade, os processos, as funções e as estruturas psíquicas que lhes são necessários e que resultaram do recalque, da denegação, da rejeição e da desautorização. O conjunto assim ligado (o grupo, o casal, a família) deriva sua realidade psíquica das alianças, dos contratos e dos pactos que esses sujeitos estabelecem e que seu lugar no conjunto os obriga a manter (Kaës, 2007/2011, p. 198-9).

O conceito de *alianças inconscientes* abre caminho para a análise e a formação do processo de formação do sujeito do inconsciente na intersubjetividade. As alianças inconscientes são eficazes como um dos modos de produção do inconsciente recalcado e não recalcado exigido para fazer parte do vínculo.

As alianças inconscientes se inscrevem de maneira fundamental na formação psíquica do vínculo intersubjetivo: o conceito de intersubjetividade pode encontrar aí sua matéria, e a realidade psíquica do vínculo sua consistência (Kaës, 2007/2011, p. 199).

### Três tipos de alianças

São três os tipos de aliança. As primeiras contribuem para a estruturação da psique: o pacto edipiano concluído com o *Pai* e entre os *Irmãos*; o contrato de renúncia mútua à realização direta dos fins pulsionais destrutivos; e o contrato narcísico (Aulagnier, 1979).

Pertencem à segunda categoria, as alianças defensivas, especialmente o pacto denegativo.

Uma terceira categoria de alianças é formada pelas *alianças ofensivas*, que selam o acordo de um grupo para conduzir um ataque, uma exploração ou exercer uma supremacia.

Sejam elas *estruturantes, defensivas ou ofensivas*, as alianças inconscientes são o cimento da matéria psíquica que nos liga uns aos outros em um casal, família, grupo ou conjunto institucional (Kaës, 2007/2011, p. 199).

### Alianças estruturantes

Algumas alianças nos precedem, a da subjetividade dos sujeitos que se aliaram entre si desde a origem, antes da vinda do sujeito ao mundo.

No *contrato narcísico* (mito fundador), o conjunto investe narcisicamente o novo sujeito, que deve assegurar, como uma missão, a continuidade do conjunto ao qual ele pertence; é o que ocorre quando nasce um filho (Kaës, 2007/2011, p. 203).

A *proibição do fratricídio*, junto com o *pacto edipiano*, que implica na castração simbólica pela interdição do incesto (mais uma dolorosa etapa da separação mãe-filho da primeira infância), compõem-se com o contrato de renúncia à realização dos fins destrutivos, para constituir as *alianças estruturantes* do psiquismo.

### Alianças defensivas

Entre as *alianças defensivas*, o *pacto denegativo* ganha importância. É um acordo inconsciente baseado em diversas operações defensivas como o recalque, a denegação, a desautorização e a rejeição. Ao mesmo tempo em que é necessário para a formação do vínculo, ele cria o não significável, o não transformável, zonas de silêncio, bolsas de intoxicação que mantêm os sujeitos de um vínculo estranhos à sua própria história e à história dos outros (Kaës, 2007/2011, p.204).

Quem já atendeu um casal ou uma família, conhece bem como são comuns estas 'zonas de silêncio', estes pactos onde tantas coisas não são ditas ou sequer percebidas, mas estão presentes com muita força.

### Alianças ofensivas

Em relação às *alianças ofensivas*, basta pensar em qualquer grupo armado, em alguns políticos profissionais ou em cartéis de empresas, para entender o papel destas alianças.

### Sujeito no grupo[5]

Para Kaës, os modelos centrados unicamente nos grupos como entidade (Bion, Foulkes, Pichon-Rivière, Anzieu) não levam em consideração a questão do *sujeito no grupo*. Essa

5 Um grupo aqui pode ser um casal, uma família ou uma instituição, por exemplo.

articulação é decisiva para explicar a parte que cabe ao sujeito no processo do grupo e, reciprocamente, para definir a parte que cabe aos seus determinantes intersubjetivos e grupais, na formação do inconsciente do sujeito. Kaës, nas páginas 50 e 51, explica que não há sujeito fora do grupo, nem grupo sem sujeito.

Ele estuda o *sujeito no grupo* em três níveis da realidade psíquica nos quais se manifestam os efeitos do inconsciente.

No primeiro nível, os conceitos de grupos internos e grupalidade psíquica dão conta do grupo como uma formação intrapsíquica.

No segundo nível, considera a realidade psíquica do grupo, que é concebido como uma formação específica que ao mesmo tempo precede o sujeito, se constrói pela aparelhagem ou reunião de psiques de seus membros e adquire autonomia em relação a estas psiques. Os conceitos de aparelho psíquico grupal, alianças inconscientes, espaço onírico comum, fantasias partilhadas e cadeia associativa descrevem estas formações e estes processos.

No terceiro nível, trata dos processos, formações e pessoas que constituem vínculos entre o grupo e os membros do grupo. Essas pessoas realizam especialmente as funções fóricas de porta-palavra, porta-sintoma, porta-sonho e porta-ideal (Kaës, 2007/2011, p. 28).

O sujeito, para Kaës, não é dividido somente a partir de dentro (cisão), mas divide-se também entre a realização de seu próprio fim e o lugar que ele deve assumir nos vínculos que o constituíram, na sua inscrição nos vínculos intersubjetivos.

## Sujeito do grupo

O sujeito do inconsciente se constrói no espaço do grupo (é então, sujeito do grupo); uma parte do sujeito está, então, fora do sujeito, deslocada, exportada e deposta em lugares psíquicos que o grupo predispõe e que o sujeito utiliza.

A história de sua formação como Eu é ao mesmo tempo a de sua sujeição a esse lugar, e a das distâncias que o sujeito terá que experimentar e sustentar em relação ao lugar prescrito (Kaës, 2007/2011, p. 226).

Em relação ao sujeito do grupo, o que importa é compreender como a vida psíquica do sujeito se constrói em suas relações, como o sujeito singular é também um sujeito cujo inconsciente é mantido e moldado nos vínculos intersubjetivos, nos espaços psíquicos comuns que ele partilha com os outros.

#### Funções fóricas

Desse espaço comum emergem sujeitos que realizam para si mesmos as *funções fóricas* a que Kaës se dedica: o porta-palavra , o porta-sonho, o porta-sintoma, o porta-ideal, o porta-mal ou bode expiatório, o porta-memória. Cabe lembrar que o conceito de função fórica não considera o sujeito como um elemento de um sistema (teoria sistêmica), mas como um sujeito do inconsciente.

### 3.2d Berenstein

Para Berenstein (2012), chamamos "*vínculo* à conexão, ao enlace, ao laço, à ligação entre duas ou mais pessoas, aos sujeitos relacionados tanto de maneira fluida como estável, embora cada um decida o que é, para si, estável" (p. 14).

Vínculo, segundo Berenstein (2001/2003), é definido como uma "estrutura inconsciente que, ligando dois ou mais sujeitos, instaura entre eles uma relação de presença, ao criar um desenho específico que os constitui como sujeitos do vínculo" (p. 188).

Segundo Moguillansky e Nussbaum (2011), "vínculo alude tanto ao que vincula quanto ao grupo que se configura", ou seja, descreve uma relação entre dois sujeitos ou mais, e um laço que os une: "Essa construção intersubjetiva dá sentido ao grupo, criando-se uma realidade psíquica compartilhada" (p. 71). Ao se pensar em vínculo, psicanalítico, pensa-se em "um conector que transcorre na intersubjetividade, onde cada sujeito determina e é determinado, de modo inconsciente, por pertencer ao vínculo" (Moguillansky; Nussbaum, 2011, p. 67).

Em outro texto, Moguillansky (2008) afirma que vínculo pode ser entendido como "a ligação ou nexo entre dois ou mais elementos" (p. 4). A seguir aponta que

> também podemos dizer que vínculo é uma estrutura inconsciente, um conjunto ao qual se pertence, cuja produção consciente é a relação entre um sujeito e outro ou outros, que organiza lugares a partir dos quais cada um suplementa sua subjetividade e é modificado. (Moguillansky, 2008, p. 6)

O termo vínculo, portanto, alude tanto de forma genérica à ligação entre quaisquer pessoas, como também a uma estrutura, a um conjunto formado pelos sujeitos. Cabe ao leitor diferenciar, em cada texto, se o assunto gira em torno de um conceito amplo como qualquer ligação, fugaz ou não, entre duas pessoas, ou se o conceito de vínculo se atém a uma relação específica entre dois sujeitos que pertencem a uma estrutura vincular.

Neste sentido, por exemplo, para Spivacow (2005), no vínculo, os investimentos devem ser significativos; "se o sujeito e o outro não estão enlaçados por certa satisfação pulsional não transitória, a consistência da relação não consegue constituir um vínculo, não se dá a interpenetração"

(p. 21). O autor cita como resistência ao vínculo frases como: "minha vida é minha vida, você não tem nada a ver com ela"; ou "o que faço com minha saúde é problema meu"; ou "quem mudou foi você"; ou "a culpa é sua" (p. 90).

Há quem suponha que os vínculos são duradouros: para Weissmann (2009), pode-se diferenciar relacionamento de vínculo: "os relacionamentos são inúmeros, efêmeros e passageiros, enquanto os vínculos têm um percurso na temporalidade, são construídos a partir do reconhecimento da alteridade do outro" (p.233).

Note-se que, para Moguillansky (2008), "o termo vínculo procura cobrir as experiências emocionais tanto derivadas dos intercâmbios estáveis como as do contato inédito" (p. 8), embora ele se ocupe dos estáveis.

Embora em algumas ocasiões, os autores se refiram ao vínculo de forma genérica, em geral, o interesse se volta para o vínculo como uma estrutura estável, que liga sujeitos, de forma a se poder afirmar, segundo Weissmann (2011), que a

> psicanálise das configurações vinculares parte de uma clínica do conjunto, que desenha um inconsciente vincular. Este inconsciente, à maneira de uma estrutura ou de uma rede, estaria subjacente aos vínculos: no casal, na família, nos grupos e nas instituições. O objeto de estudo desse campo clínico vincular estaria constituído pelas configurações vinculares com suas respectivas alianças, acordos, pactos e trama interfantasmática inconsciente, assim como pelas estruturas vinculares familiares e sociais inconscientes subjacentes. (p.1)

Na teoria vincular aqui descrita, o outro sujeito existe na plenitude de sua alteridade, em uma relação de presença que interfere e altera o relacionamento; transporta-se, então, do terreno intrapsíquico para o campo da intersubjetidade. A relação não é mais compreendida entre sujeito-objeto, mas entre sujeito-sujeito. O intersubjetivo só adquire sentido a partir deste encadeamento que marca o "entre sujeitos"; há um descentramento do sujeito, em função da alteridade, da novidade oferecida pelo outro.

Neste sentido, ao diferenciar relação de objeto de alteridade, Berenstein alerta:

> observe-se o conflito psíquico e o conflito entre sujeitos de uma relação. No primeiro, temos o modelo do mundo interno, das relações de objeto e mecanismos como identificações, projeção e identificação projetiva. No conflito entre sujeitos, temos que considerar o mundo da relação, as relações de poder e mecanismos de imposição, interferência, derivados do conceito de alheio (*ajenidad*) e alteridade. No primeiro modelo, o individual tem a transferência como modelo da relação entre os sujeitos. Contudo, se considerarmos o conflito a partir da relação, deveremos analisar a interferência além da transferência" (Berenstein, 2009, p. 20).

Segundo Berenstein (2001/2003), a presença do outro produz uma imposição, uma estranheza. Não se está apenas no terreno da repetição (transferência) de relações primitivas significativas, "mas o sujeito também é constituído pelo que ele realiza ao longo de sua caminhada com os outros" (p. 187); "isso dá lugar a novas produções simbólicas, graças às quais ocorre a ampliação do sujeito, bem como da relação" (p. 189).

Segundo Berenstein (2001/2003),

> a relação de objeto se constitui como resultado da ausência do sujeito materno ou paterno, instituídas a partir das experiências fundantes. No conceito de presença, algo do outro

> resiste, não se pode incorporar, permanece desconhecido: é o alheio (*ajeno, alien, l'étrangeté de l'autre*) e é inerente a presença do outro; não se deixa transformar em ausência, e não se pode simbolizar. A *"ajenidad"* (*alienness, ce qui est étranger de l'autre*) caracteriza fortemente o outro e a sua presença. Em uma relação significativa, é este registro do outro que o sujeito não consegue inscrever como próprio. No vínculo, que podemos chamar de *relação de sujeito*, distinto da relação de objeto, o sujeito não apenas pré-existe como também se constitui nesta relação. (p. 187)

O Eu deverá confirmar o fato de que o outro está presente do lado de fora e somente do lado de fora; que o outro está presente, mas não corresponde a uma representação, que é impossível representá-lo, incorporá-lo ou rejeitá-lo de acordo com o princípio do prazer/desprazer: que o outro não desaparece, contribuindo tudo isso para definir o seu aspecto de estranheza.

### 3.2e Alberto Eiguer

Eiguer, outro autor importante no estudo da terapia de casal, tem vários livros publicados, alguns já traduzidos para o português.

O passeio que faço tem a intenção de apresentar algumas ideias dos autores citados, com o propósito de facilitar o trabalho clínico; vai daí que não percorro toda a obra de Eiguer, mas sim alguns conceitos que me parecem fundamentais para a prática com casais.

Passo a discorrer sobre o texto 'Le lien d'alliance, la psychanalyse et la thérapie de couple', um capítulo do livro *La thérapie psychanalytique du couple*, publicado pela Dunod (1984).

Segundo Eiguer (1984/1991), o vínculo faz pensar em uma relação onde o que conta é o encontro entre dois psiquismos, e se explica pela identificação projetiva que dispara um processo de identificação introjetiva no outro; a identificação projetiva não é maciça, o que tornaria impossível a relação de amor e de elaboração.

O vínculo põe em funcionamento o processo de identificação, um respondendo em espelho ao outro. O vínculo remete ao narcisismo que está em primeiro plano no processo identificatório. O vínculo representa também um investimento objetal; a pulsão deve encontrar uma descarga satisfatória, sempre incompleta.

Para o autor, conhecer a natureza do vínculo implica na compreensão das escolhas de objeto do casal, da história de sua união, da análise dos mitos de suas famílias de origem, visando transformar atuação em pensamento, o não-dito em palavra, procurando diminuir as projeções mútuas.

Eiguer aponta quatro tipos de vínculos: o de filiação (pai-filho ou mãe-filho); de consanguinidade (irmão-irmã; mãe-tio materno); o avuncular (filho-tio materno); e de aliança (marido-esposa).

Os vínculos de *aliança* comportam dois tipos de relação, que contribuem para a solidez e permanência da ligação: um *vínculo narcísico*, dominado pelo investimento narcísico comum a toda ligação humana; e um *vínculo libidinal*, dominado pelo investimento libidinal de objeto e se articulando entre parceiros através da identificação projetiva.

Em toda relação de aliança, o *narcisismo* tende ao sincretismo, à *união*, esfumaçando os limites entre os indivíduos: é o resíduo do narcisismo primário sempre ativo, em busca do semelhante. Manifesta-se como: fusão (aparelho psíquico familiar de Ruffiot – base de todo vínculo) e self conjugal. Os vínculos narcísicos tendem à uniformização, representam a identificação egóica ao idêntico e produzem afetos de reasseguramento (ser reconhecido, amado, valorizado, confirmado).

Quanto ao vínculo libidinal, representa a identificação do *outro inconsciente* (objeto parental ou transgeracional) ao *outro real*, na ligação entre objetos interno-externo e contém as metamorfoses da interação, da sexualidade conjunta, da lei, etc.

A fragilidade de um casal pode se exprimir pelo desequilíbrio entre os vínculos narcísicos e libidinais. Isso ocorre quando os *vínculos narcísicos* invadem ou parasitam os libidinais, como nos casais narcísicos, fusionados, nos quais os parceiros ignoram-se uns aos outros (um deles doente, por exemplo); ou quando os *vínculos libidinais* prevalecem sobre os narcísicos, como nos casais em que a imago parental, os mitos familiares, ou as missões a cumprir tornam os casais 'transparentes', sem identidade própria. Nestes casos, a identidade-casal está desinvestida em benefício do outro idealizado, persecutório (vergonha herdada, o fantasma de um ancestral, por exemplo).

### Organizadores inconscientes

Eiguer salienta a importância, na formação do vínculo, do que ele denomina de *Organizadores inconscientes*.

Segundo Spitz (*Desenvolvimento evolutivo do lactente*, 1965), no momento em que todo o psiquismo se polariza em torno de um elemento interior (e exterior) à criança, diferentes correntes do desenvolvimento se integram ao processo maturacional de modo que surge uma *nova estrutura psíquica*, mais evoluída, chamada *organizador* (exemplos: o sorriso em resposta ao olhar da mãe; fobia ao desconhecido; entender sim e não).

Käes, em sua tese (1974), retomou este conceito para chegar à noção de *aparelho psíquico grupal*, instância coletiva que se constitui a partir de organizadores grupais do psiquismo individual. Anzieu (1975) aplicou a ideia de *organizador* ao processo evolutivo dos grupos informais, Ruffiot (1979) ao grupo familiar e Eiguer (1982) aplicou o conceito ao casal.

Os *organizadores da vida inconsciente do casal* dão coesão à díade; esta, porém, deve sofrer numerosas transformações para encontrar pontos comuns que lhe sejam específicos. Estes organizadores estruturam as modalidades de vinculação, o modo de subjetivação do grupo e, também dos sujeitos individualmente.

Eiguer se propõe a estudar três *organizadores* da vida inconsciente do casal: a escolha do objeto (parceiro), o self conjugal e a interfantasmatização.

### Escolha do objeto

Segundo Anzieu (1975), o primeiro organizador do grupo familiar, diferentemente dos grupos informais, é o Édipo. Pelo duplo jogo, do amor intenso, incestuoso, e sua interdição, a família prepara o sujeito para investir em outro vínculo, que será a origem de outra família.

No início da relação amorosa, a escolha inconsciente tem que administrar desejo, angústia de castração e identificação. Castração porque o Édipo impede de ficar com a mãe, mas tem que se identificar com o pai, como saída para *fazer como* ele e *não fazer como* ele, com relação ao desejo.

Sob o primado de Édipo, as *escolhas edípicas*, mais adultas ou normais, podem ser por pessoas opostas ou parecidas com os pais e parentes próximos. Para Eiguer (1984/1991, p. 42), seguindo Freud (1914/1969), as escolhas também podem ser narcísicas ou anaclíticas.

Nas escolhas narcísicas busca-se um objeto que se *assemelhe* ao que somos, ao que fomos, ao que gostaríamos de ser ou à pessoa que é ou foi uma parte de nós mesmos.

Nas escolhas anaclíticas, o homem ou a mulher estão em busca de um objeto que lhe dê *apoio*.

### Escolha de objeto, segundo Lemaire

Segundo Lemaire (2002), deve-se prestar atenção para as diferenças entre um relacionamento casual (o tal do *ficar*) e um vínculo duradouro; as escolhas de objeto, nos dois casos, costumam ser bem diferentes.

Temos, então, dois tipos de ligação em um casal: uma é fugaz, onde se espera uma satisfação rápida; busca-se o prazer, e o jogo da sedução predomina. Nela, quando a satisfação termina, a ligação desaparece. Não está associada à organização defensiva da personalidade do sujeito.

Outro tipo de ligação é duradoura: há um projeto familial. O objeto deve aportar satisfação libidinal e estar integrado à organização defensiva do sujeito contra uma parte recusada de si mesmo.

A escolha duradoura, embora seja uma escolha espontânea, não é aleatória, porque é em parte determinada inconscientemente por necessidades defensivas, principalmente narcísicas, através das quais a pessoa defende ou protege aquilo que ela vive como essencial em si mesmo.

Ainda segundo Lemaire, uma possibilidade, por exemplo, é a escolha como mecanismo de defesa: quem reluta em aceitar sua tendência sádica pode escolher defensivamente um objeto que não é masoquista, ou que se defenda vigorosamente contra; quem reluta em aceitar sua tendência exibicionista pode escolher alguém que não tenha tendência voyeurista ou que a reprima ativamente; quem tenha conflitos edípicos mal resolvidos pode escolher um homem oposto ou diferente de seu pai ou mãe, por exemplo.

Estas escolhas inconscientes estão na base da atração mútua dos parceiros (exemplo: um dos parceiros se apresenta como solicitante de amor, cuidados e o outro como provedor, nutridor) e contribuem na organização inicial do vínculo do casal; não é patológico em si, apenas se torna patológico quando se fixa a um estado evolutivo ou quando perde a leveza da reciprocidade, bloqueando a evolução individual: ocorrem, então, conflitos repetitivos, estereotipados.

A escolha de objeto, ao mobilizar os inconscientes individuais, dá nascimento ao inconsciente do casal e em seguida, ao da família.

### Eiguer – Self conjugal

Voltando ao Alberto Eiguer, o casal vai estruturar seus vínculos narcísicos sobre uma instância organizadora: o Self conjugal, o que permite reconhecer o casamento como próprio.

O Self conjugal, o segundo organizador da vida inconsciente do casal, é definido como a representação de casal, partilhada pelos dois, em uma continuidade no tempo e no espaço; constitui-se como uma *zona neutra* do psiquismo grupal, sustentada por intensos afetos. Esta zona neutra é "muda", e se "manifesta" quando colocada em perigo.

O Self conjugal tem três componentes: o sentimento de pertença ou identidade conjugal, o habitat interior e o Ideal do Ego conjunto.

## Sentimento de pertença

O *sentimento de pertença*, ou identidade conjugal, reúne os sentimentos que cada membro do casal experimenta em relação à díade: uma sensação de proximidade, de ser considerado de forma diferente das outras pessoas; a recordação de um passado comum, uma genealogia (estudo das origens) comum (série de antepassados); um tipo de intercomunicação particular comum e identificada (exemplo: "já sei o que ele vai dizer quando chegar em casa").

Com o sentimento de pertença, o *outro* é familiar. Alimenta-se de percepções inconscientes, causadas pelo reconhecimento das reações do outro no dia a dia. Trata-se de um metaconhecimento da interação: sabe-se de antemão, a reação do outro (o outro é conhecido, reconhecido, percebido como casal).

A referência ao passado é constante: odores únicos, olhares, impressões calorosas que marcam para sempre, como por exemplo, viagens, amigos, parentes, patrimônio, religião (a *madeleine* de Proust em seu livro *Em busca do tempo perdido*).

## Habitat interior

Isidoro Berenstein, segundo Eiguer, foi o primeiro a ressaltar o interesse do habitat como "pele" real e fantasmática da família. O casal é composto de indivíduos, de corpos sem unidade corporal, daí sempre ameaçados pelo desmembramento, pela possibilidade de cada um retirar seu investimento do soma coletivo. A fim de aliviar este temor, o casal (assim como a família) tenta investir um lugar geográfico real que o contenha, ou seja, a casa da família.

É um investimento de um espaço habitável, com uma, ou várias casas: o lar. Habitat como "pele" real e fantasmática.

Com o habitat, o casal alivia o temor do desinvestimento na díade, a separação (EIGUER, 2009).

A instalação e a arrumação do habitat do casal, permite marcar no inconsciente grupal traços mnêmicos deste lar em curso de instauração. O habitat interior "se edifica" no interior do inconsciente do casal. Uma vez constituído, o habitat contém o casal, representa sua *pele psíquica*.

Em um segundo momento, por consequência, o habitat exterior torna-se lugar de gratificação. O habitat real é testemunha do passado: paredes, portas, objetos, são carregados de sentidos (papéis, alianças); a casa traduz uma linguagem da história do casal (e da família). Longe de casa a representação do habitat permanece, assim como o sentimento de pertença.

O sentimento de pertença remete à identidade familiar e o habitat interior remete à imagem corporal do *corpo do casal*. O sentimento de pertença e o habitat interior podem ser conservados pelos membros de uma família, mesmo que eles estejam distantes fisicamente, o que garante que eles se sintam da mesma família.

O sentimento de pertença e o habitat interior têm uma base comum: o passado. O ideal de ego conjunto se refere ao futuro.

### Ideal de Ego conjunto

Trajetória que é povoada de lembranças e signos materiais, ideal do ego grupal dos cônjuges. Permite o adiamento da satisfação das pulsões, por facilitar os compromissos entre desejo e defesa, em função de um projeto comum, e a organização de um plano e meios necessários para atingi-lo.

O ideal de perfectibilidade remete ao ideal dos pais: como são, como se veem, como gostariam de ser ou que os filhos fossem. Cada membro do casal traz seus ideais, mas, o ideal de ego do casal é uma representação da perfectibilidade do grupo em relação a seu próprio destino, a um projeto social, cultural, educacional ou "habitacional" para o casal e para a família. O casal estabelece *missões* a cumprir, ideais a atingir; e têm a missão de transmitir estes ideais aos filhos.

Muitas vezes, observam-se disfunções entre instâncias do psiquismo do casal e familiar. Por exemplo:

- confusão entre ideal do ego e ideal narcisista: todo futuro (mudança, estabilidade) é temido. Se somos perfeitos, para quê mudar?;
- confusão entre ideal do ego e superego do casal: todo progresso é vivido como exigência imperativa (oriundo dos objetos ancestrais);
- confusão entre ideal do ego do casal e idealização: missão de contrabalançar as frustrações das gerações anteriores.

Pertencer a um casal, ter uma casa como lugar de pertença e planejar um futuro; tão simples e tão complicado! São temas da terapia de casal e de família, e o terapeuta deve conhecer a história dos pacientes e seus caminhos.

### Interfantasmatização

A interfantasmatização, o terceiro organizador do casal segundo Eiguer, pode ser considerada como atividade fantasmática, como *ponto de encontro* dos fantasmas individuais de cada membro do casal, fantasmas próximos por seu conteúdo. A interfantasmatização está ativa no momento do engajamento amoroso, determina a estrutura típica do casal e está na origem do modo de funcionamento conflitivo.

O interesse pela interfantasmatização grupal e familiar, a partir de Anzieu (1975) e Kaës (2000) flui no mesmo sentido do conceito introduzido por Dicks (1967) e desenvolvido por Willy (1978); então, os vínculos narcísicos e libidinais do casal se inspiram nesta atividade interfantasmática, que lhes dá um sentido, uma congruência e uma consistência.

Abro um breve parêntese para alguns comentários sobre fantasma, desejo e mitos, conceitos inevitáveis para a compreensão da interfantasmatização.

### Fantasma

O fantasma é uma encenação imaginária (em que o indivíduo está presente) e que figura a realização de um desejo, de um desejo inconsciente. Temos, então, a fantasia consciente, que são os devaneios, e a fantasia inconsciente, que é o fantasma

O fantasma é, na ótica individual, o elemento que liga representações inconscientes, pré-conscientes e conscientes, traduzindo, em um movimento de retorno, a presença do recalcado, dando-lhe uma dimensão transformada, fantasiosa e melhor aceita pelo ego.

O fantasma tem também uma dimensão universal, filogenética, os fantasmas *originários* (ou protofantasias): vida intrauterina (a díade), de cena primitiva (origem do indivíduo), de castração (origem da diferença entre os sexos) e de sedução (origem do aparecimento da sexualidade). Estes fantasmas originários aparecem na constituição do psiquismo conjunto, por ocasião do engajamento amoroso, por efeito de ressonância fantasmática entre os parceiros.

Vários fantasmas, de ordens diversas, permeiam nosso universo inconsciente e pré-consciente. Lembro de paciente que se apaixonou virtualmente pela internet por um rapaz em outra cidade; foi lá encontrá-lo e percebeu que não gostava de homens. Durante toda a sua infância e adolescência, como não era o machão esperado pelo pai, foi criado, por este, sob suspeita de sua masculinidade; ou seja, este fantasma o perseguiu durante anos, até o ponto dele precisar confrontá-lo com a realidade.

Outro paciente, onde, devido a diferenças marcantes entre ele e seu pai, sempre restou a dúvida se aquele era seu pai de fato, ou se havia algum segredo familiar pendente.

Imagine-se, então, cada membro do casal com seus fantasmas pessoais e familiares, adicionem-se fantasmas do próprio casal e teremos uma história com seus sustos e medos, como frequentemente são os casamentos.

## Desejo

O desejo não é relação com objeto real, mas com o fantasma. Difere da necessidade, que visa o objeto e se satisfaz com ele; difere da exigência, que se dirige a outrem.

O desejo é uma moção (impulso, movimento) psíquica ligada à imagem mnêmica da percepção de vivência de satisfação. Desejo, então, está ligado a traços mnêmicos. Quando reaparece a percepção (sensações), se dá a realização de desejo (ligado ao fantasma) e o desejo encontra sua realização na reprodução alucinatória das percepções tornadas sinais desta satisfação.

A procura do objeto real é inteiramente orientada por essa relação com sinais. É a articulação destes sinais que constitui esse correlativo do desejo que é o fantasma.

O desejo está no centro da teoria (Freud, Lacan), lançado na ordem simbólica (o objeto não é uma coisa). De objeto em objeto, o desejo desliza como que numa série interminável, numa satisfação sempre adiada e nunca atingida.

É inconsciente e ligado à falta. Não é relação com objeto real, mas com um fantasma. Em Lacan, há gozo no desejo enquanto desejo. O desejo se realiza nos objetos, mas nunca se satisfaz, a falta continua. O desejo é a nostalgia do objeto perdido.

## Mito

Mito, segundo Rougemont, (*L'amour et l'occident*, 1939) é uma história, uma fábula simbólica e tocante, resumindo um número infinito de situações mais ou menos lógicas. Em sentido mais restrito, os mitos traduzem as regras de conduta de um grupo social, religioso, familiar ou casal.

Eles procedem, pois, do elemento sagrado em torno do qual se constitui o grupo, e surgem como tentativas de explicação para as indagações e os conflitos inerentes à experiência humana.

Um mito não tem autor; sua origem deve ser obscura, e seu próprio sentido o é, em parte. Mas o caráter mais profundo do mito é o poder que ele exerce sobre nós, geralmente à nossa revelia.

O mito ocupa um lugar especial entre as produções fantasmáticas, ou seja, uma crença partilhada que atravessa épocas, que resiste à crítica e sustenta as lendas a as fábulas.

O mito tem, em geral, função de apoio, mas também tem funções patológicas; ele está na interface da interfantasmatização e dos conflitos conjugais (fonte de desentendimentos) ou ainda tem funções defensivas (racionalizações).

Vários mitos adotados pelos casais são de inspiração cultural, como por exemplo: as mulheres são frágeis; os homens não entendem nada do corpo feminino; a gente se casa muito cedo, sem nada saber da vida; o trabalho de casa é fácil. Outros são construídos pelo casal, como: não deveríamos ter tido filhos, depois deles, tudo ficou pior; somos tão diferentes; eu sabia que iríamos nos desentender sobre a educação das crianças. Outros, ainda, são narrativas familiares que atravessam gerações e tomam um caráter alegórico.

## Interfantasmatização

Voltando a Eiguer (1984/1991) e à *interfantasmatização*, pode-se afirmar que o engajamento amoroso e sua interfantasmatização marcam para sempre a união conjugal e a família. A atividade fantasmática do casal, lugar de encontro dos fantasmas individuais inconscientes de cada membro, inspira a atividade fantasmática consciente, quer dizer, a criação de um espaço transicional de trocas, de humor, de criatividade, de narrativas referentes à história de cada um e dos ancestrais.

Um produto da interfantasmatização pode ser uma fantasia consciente ou um mito familiar. A colusão[6] fantasmática

6 A palavra *collusion*, em francês, inglês e português tem o mesmo sentido: vem do latim *colludere*, que significa entendimento mútuo em detrimento de um outro, entendimento secreto entre duas ou mais pessoas para enganar alguém ou lhe causar prejuízo.

Dicks (1967) foi o primeiro a utilizar o conceito de *colusão* (sinônimo: *conluio*) para descrever os conflitos conjugais, no interior de um jogo comum inconsciente entre os parceiros.

Em seguida, Lemaire (1979) retomou o conceito, no que foi seguido por vários outros autores, às vezes com sentidos outros, para explicar a natureza dos conflitos conjugais (Desjardins, 2005).

Willi (1982) a designa como uma espécie de intriga, uma mentira da realidade, um jogo "neurótico" comum e inconsciente. O fato de viverem um conflito comum une os parceiros, cada um esperando inconscientemente ser liberado pelo outro de seus antigos conflitos interiorizados.

A colusão intervém na escolha do parceiro e nos conflitos conjugais, crônicos ou não; intervém, pois na organização inicial do casal. Ela não é patológica em si, embora não seja nem desejada, nem reconhecida pelos parceiros.

A colusão se torna patológica quando se fixa a um estado evolutivo ou quando perde a leveza da reciprocidade, bloqueando a evolução individual; ocorrem, então, conflitos repetitivos, estereotipados.

do casal supõe que os parceiros se ligaram por postulados fundamentais comuns, o mais das vezes inconscientes.

As representações comuns e as fantasias inconscientes formam a base afetiva da atração recíproca, da intensidade do vínculo, mas são também a origem dos conflitos.

Diversos fantasmas circulam no casal, inclusive os fantasmas originários, matriz de todo o funcionamento inconsciente familiar e do casal.

O engajamento do vínculo amoroso é marcado pelo fantasma de sedução e intrauterino. No fantasma intrauterino os dois são um só, então a díade amorosa experimenta o sentimento oceânico. No fantasma da cena primitiva (coito originário) o amor se faz a quatro, sendo o filho o quinto. A castração fantasmática permite lidar com o outro, ou entrar em 'guerra dos sexos'.

Outros fantasmas circulam, como os fantasmas de perda e malefício mútuo, ou os fantasmas de interpenetração, cerceamento, aniquilação, por exemplo.

A coesão dos vínculos do casal e familiares e a autonomia da família nuclear em relação às famílias de origem, dependem de como o casal lida com a ilusão (engajamento amoroso inicial) e a desilusão conjuntas, lembrando que na fase de desilusão se impõem a castração, o outro, a falta.

## Terapia-teoria

Enfim, pode-se entender *vínculo* como um campo, intersubjetivo, a partir de uma relação que ocorre entre os sujeitos do grupo e no grupo. No aparelho psíquico grupal, na constituição da intersubjetividade, ocorrem identificações cruzadas e projetivas, projeções, negações, recalques, introjeções, estabelecem-se pactos conscientes e inconscientes (denegativo), conluios, contratos, pactos e alianças (inconscientes), onde circulam mitos e fantasmas compondo interfantasmatizações, funções fóricas, sonhos (onírico), configurando um self conjugal onde cada sujeito é determinado e determina de modo consciente e inconsciente, por pertencer ao vínculo.

Quando o terapeuta pergunta sobre a história de vida do casal e seu cotidiano, quando procura entender os seus conflitos, ele tem em mente todas estas questões levantadas até aqui, ou pode se perder em detalhes desimportantes, sem entender o que se passa nas profundezas do vínculo.

### 3.2f Jean-Georges Lemaire

Lemaire é outro autor fundamental da psicanálise de casal e família na França. Em seu livro *Les mots du couple* (1998), ele faz um recorte interessante sobre a atividade do terapeuta, como instaurar um enquadre, explorar as demandas, criar uma atmosfera, além de dar dicas sobre como lidar com a verbalização nas sessões, a interpretação, a transferência, por exemplo.

A maioria dos autores discute a terapia de casal e família a partir de suas inúmeras semelhanças, mas Lemaire nos recorda que a terapia de casal é monogeracional, mais parecida com a análise clássica, do que a familiar, bigeracional. De fato, termos na sala mais de uma geração, como no caso da família, traz elementos diferentes do que no casal, onde só uma geração está presente, a não ser nos casos em que um cônjuge é bem mais velho do que o outro.

Lemaire recorda que o casal, assim como a família, é um grupo específico, diferente de um grupo que se constitua de outras formas. Casal é um grupo previamente organizado, marcado por uma história (que o terapeuta ignora de início), com uma distribuição específica de papéis, princípios, ideologia, que preexistem ao início da terapia.

Em função disso, as experiências anteriores interditam uma expressão espontânea das palavras e dos gestos; a distribuição da palavra não é mais aleatória, como ocorre nos grupos casuais. Daí, o encadeamento associativo (palavras, pensamentos, imagens e sonhos), torna-se significativo de uma censura específica, que se exerce normalmente em toda família, com a interdição da expressão livre de numerosos afetos e desejos perturbadores.

Um *discurso associativo* se organiza quando os membros do casal tomam a palavra; nota-se, então, como se ligam e se associam as imagens, as ideias, as palavras ou seus significantes. Surgem afirmações, negações, dúvidas, por onde se esboça uma primeira captura dos jogos de relação, mais inconscientes do que secretos, lembrando que uma negação introduzida por um segundo locutor não interrompe a associação de ideias anterior, mas a segue e lhe dá outra forma (Lemaire, 1998, p. 35).

Assim, se organiza um *discurso grupal*, aí são encontrados fantasmas comuns, fantasmas partilhados (Foulkes, Ezriel) que justificam o conceito de aparelho psíquico grupal (Kaës e Ruffiot).

### Não verbal

Lemaire chama a atenção para a linguagem não verbal. No casal, apenas um participante fala; o outro se exprime por sinais sonoros ou pela mímica, gestos, olhares. Na posição frente a frente da terapia individual, a expressão não verbal acompanha o discurso; no casal, o não verbal constitui o discurso de quem não está com a palavra naquele momento.

O terapeuta, na terapia de casal, enquanto escuta um membro da díade, deve olhar constantemente tanto para um como para o outro, porque o encadeamento associativo do casal na sessão se organiza a partir da fala de um e das manifestações não-verbais do outro.

Cada membro apreendeu um modo de ser, um modo de relação, construiu uma espera em relação à atitude do outro, a partir de tentativas anteriores, aprendizados, talvez esquecidos, mas presentes nos automatismos verbais e gestuais. O aparecimento, na sessão, de um gesto, de uma palavra, elucida tais aspectos.

### Enquadre

Lemaire nos lembra que o casal em crise não atina com a importância do enquadre, parece um detalhe técnico com o qual concordam sem refletir; então, é preciso retornar a ele (frequência, horários, lugar, dinheiro, presença dos dois...), porque o enquadre implica em confiança, em regularidade.

Lemaire (1998) salienta a importância das *regras do enquadre* na terapia de casal (ver p. 77 a 85).

A primeira regra: dizer o que pensa, o que acredita, o que sente, o que imagina, sem refletir, sobre si mesmo e, como uma adaptação da regra da associação livre, *também* do que o outro pensa, de suas intenções, e ainda salientar o que o outro *escutou* do que se disse.

Esta regra diz respeito à distribuição da palavra (e nesse ponto o terapeuta deve ser ativo, para garantir a palavra para os dois membros do casal, ou sua passividade será cúmplice de ambiguidades não esclarecedoras, reforçadoras de resistências).

A segunda regra diz sobre a abstenção dos terapeutas, ou seja, a renúncia a toda ação real nas decisões da família.

Na terceira regra, para Lemaire, o casal deve estar sempre junto em cada sessão; segundo ele, uma comunicação secreta importante torna impossível, ou pervertida, a terapia do casal.

Esse ponto não é tão simples assim. Em outra página, Lemaire afirma que o paciente tem o direito de guardar segredos e não pode ser obrigado a falar caso não queira: dizer o que pensa não deve ser obrigação, mas um meio necessário para a realização da tarefa; o espaço pessoal, o direito de não falar (os segredos pessoais) deve ser respeitado, nas palavras dele (Lemaire, 1998, p. 82).

Certa vez, em caso atendido pelo NAPC, o marido avisou que teria que atender a um telefonema urgente, e saiu da sala na hora que o celular tocou. Neste momento, a esposa contou para a terapeuta que estava tendo um caso com seu chefe, mas que não queria que o marido soubesse. Fazer o quê? Obrigar a esposa a falar? Terminar a terapia, com qual argumento?

Esta situação é mais comum do que se poderia imaginar, e estarem os dois sempre na sessão, sem nunca atendê-los separadamente não impede que algo semelhante surja. Uma aluna me contou em supervisão que uma paciente, em sessão de terapia de casal, aproximou-se da terapeuta, agachou-se para amarrar o cordão do sapato e, enquanto o marido falava, balbuciou para a terapeuta, mexendo a boca de forma a tornar a mensagem evidente: "Estou traindo meu marido".

### Investigar

A díade amorosa, para ele, tem dupla perspectiva: uma dimensão grupal (interpessoal) e uma dimensão individual (intrapsíquica), tendo como consequência que o *discurso do sujeito* não é apenas a expressão individual de seu locutor, ele é também porta-voz do grupo.

O terapeuta precisa de alguma paciência e bastante atenção para conseguir escutar na voz do locutor, uma palavra que tenha sua significação individual e também represente uma parte do discurso do casal. Nem sempre é fácil responder quando a fala deve ser interpretada, ou ao menos escutada, como palavra individual ou discurso do casal; melhor permanecer uma questão aberta.

Lemaire sugere pesquisar, nas sessões, as etapas da estruturação do casal a partir de sua fundação, a pré-história transgeracional, imaginária sobretudo, com os ritos familiares, crenças, valores, além das expectativas mútuas: imaginava-se o quê, na época das idealizações?

Na sessão, se Ruffiot privilegia os sonhos, Lemaire privilegia pequenos incidentes do cotidiano: quem faz o café, quem fecha a porta, quem esquece as chaves, o que não são fatos reais, mas trocas, interações. Verificar o que um imagina sobre o outro nessas trocas, qual a intenção em relação ao outro; aqui se comunicam os desejos, o imaginário, as expectativas mútuas.

Prestar atenção também: nas fotografias de família e do casal, no primeiro encontro, primeira conversa, primeira sensação, primeiro beijo; nas habitações do casal, nos filhos e pets; na relação com os sogros, parentes e amigos; na relação com riso, jogos, diversão; na relação com dinheiro, casa própria, praia, carros, empregados, planos para o futuro; nos rituais simples do cotidiano, como pôr a mesa para o jantar, a hora de dormir, o passeio do domingo ou a missa, por exemplo.

### Ato ilocutório

O ato ilocutório é geralmente percebido de forma imprecisa, embora dispare reações intensas. O ato ilocutório é um ato de linguagem que se produz enquanto se fala (não se trata das expressões não verbais): é uma tentativa que traduz uma intenção (pouco ou nada consciente) de modificar (eficaz ou não) a relação; é destinado a alguém (em geral a quem se dirige).

Então, ao lado do conteúdo informativo, fornecido pela "ação locutora" (ato de locução), é preciso reparar no ato ilocutório, pelo qual o locutor se explicita para quem escuta, quando ao introduzir uma fala diz, por exemplo: 'pretendo que', 'permito-me dizer que', 'não te acredito quando você diz que', 'entende?', 'veja bem'.

O locutor então, acusa, afirma, suplica, interroga, supõe, imagina, ordena: é a intenção que conta.

Por aí, o locutor exprime algo essencial, implícito, *inanalisado*, no qual os parceiros se perdem, se repetem e se agridem sem progresso. Aqui, também, o locutor exprime relações de transferência, como por exemplo: 'você é uma besta, mas em todo caso...'; 'eu te amo, mas...'; 'não sou tua mãe'; 'você diria que eu exagero'; 'você pensa que não estou compreendendo nada', permite perceber a posição que o locutor ocupa em relação ao outro.

Muitas vezes, as pessoas (casal, família, instituições) acreditam discutir conteúdos, quando de fato o jogo de relações se apoia nos aspectos ilocutórios das trocas, sem que as pessoas percebam.

Recorde-se que os bebês sentem/percebem a existência de um segredo (que o bebê "não deve" saber) mesmo sem conhecer seu conteúdo, através dos atos ilocutórios, que nós todos notamos.

### Ritual

É importante diferenciar um *ritual* de um hábito funcional comum. O que distingue o ritual é precisamente a existência do sentido simbólico que ele tem para o casal ou grupo. O ritual, raramente comentado verbalmente, compreende também uma dimensão de ação e de atitude, portanto uma dimensão corporal; estes gestos corporais são significantes não verbais.

A partir de um incidente ritualizado, ou de um fantasma ou lembrança de um de seus membros, torna-se possível o acesso a uma dimensão mítica do universo familiar.

"Na nossa família, a gente faz assim", se esboça a representação de cada um com sua família, com as rigidezes ligadas à história de cada um e à sustentação narcísica de pertencimento.

São aspectos a serem trazidos à luz, com cuidado porque, em geral, estas regras são desconhecidas, inconscientes, impostas pelo grupo. Cabe perguntar, para cada um do casal (ou família), o significado particular dos rituais.

### Interpretar

Lemaire (1998) alerta que na psicoterapia psicanalítica de casal é preciso renunciar a toda ação direta sobre o real, renunciar à vontade de suprimir o sintoma. O que importa é a busca de sentido, dentro da dimensão simbólica, onde as intervenções fundamentais são as reformulações e as interpretações.

Segundo Lemaire, em relação à prática clínica, é importante trabalhar (colocar em palavras e imagens) o que é mascarado, recoberto de explicações e justificativas, as impressões individuais confusas, as suspeitas, os ímpetos, os fantasmas e todo o conjunto não-dito do imaginário comum.

Colocar em palavras os afetos mal definidos, a violência das emoções, os atos de linguagem, verbos, advérbios, o que está velado pela polidez inatacável, hesitações, o afeto (vivência) de quem recebe a mensagem, a mímica.

As interpretações conjugais perversas ou destrutivas, de um sobre o outro, são sobretudo patogênicas quando permanecem implícitas. É crucial colocar em circulação este universo de sonhos, de imagens, de sentimentos infundados, dos mitos familiares, dos rituais, dos significados das leis e das referências não-ditas da família.

Um dos quesitos a se levar em conta, na terapia de casal é qual a vantagem desta relação? Quem é o principal beneficiário? Quem mais mantém a relação? Quem estará em maior perigo se estas crenças se complicarem?

Existem momentos melhores para se interpretar. Um momento mais favorável parece ser quando uma expressão verbal é contestada por uma não verbal; ou quando há uma brusca mudança de assunto, de papéis: um dos dois que sempre foi vítima, aparece como algoz, de acusador para acusado, por exemplo.

Lemaire alerta para se tomar cuidado para não interpretar quando a decisão é grave, com repercussões no real, como no caso de uma separação, escolha de escola para os filhos ou mudanças de imóvel ou de cidade. Para ele, o mesmo conflito (de poder, por exemplo) se dará em uma situação comum, na hora da refeição com a xícara de café, por exemplo, e são mais fáceis de interpretar porque estão com carga menor de emoções aflitivas.

Os parceiros vivem com suas interpretações recalcadas, racionalizadas ou negadas, explícitas ou implícitas, mas sempre presentes. Este conjunto de projeções cruzadas, flutuantes ou fixas, forma a base de seu conluio (colusão), de seus mitos, de suas leis comuns, e também de suas disfunções.

Na terapia de casal se dá um espaço onde estas projeções, fantasmas, interpretações, são explicitadas e o casal pode se defender e edificar novos códigos de conduta, onde o ataque poderá ser transformado em queixa ou crítica.

Cada um evoca não o que pensa, mas o que sente ou imagina das interpretações do parceiro. O terapeuta assegura ao outro a possibilidade de se defender, de se desculpar, de reorganizar suas defesas a partir das acusações projetivas do parceiro. O terapeuta apoia sucessivamente cada um ao nível narcísico para evitar selvagerias e perversões, mostrando a diferença entre crítica, mesmo grave e o ataque à estima de si ou outra base de equilíbrio narcísico.

O estilo de interpretação, na terapia de casal, tem características de uma situação triádica, onde ocorre ao mesmo tempo uma mensagem verbal e não verbal do terapeuta, endereçada para um membro, mas com significados para o outro destinatário. Exemplificando, o terapeuta pode, em silêncio, apoiar com o olhar um participante ameaçado; pode, pelo olhar e mímica, privilegiar a escolha de um dos interlocutores; pelo movimento das sobrancelhas ou inclinação da cabeça pode incitar um ou outro a falar.

A atividade interpretativa repousa sobre os fenômenos de grupo: os obstáculos que interditam de pensar, de imaginar, de sentir, de trocar o que se imagina, para permitir ao casal que cumpra sua função natural de apoio.

## Transferência

A transferência do casal é diferente de outra qualquer (p. ex., entre irmãos), marcada pela escolha mútua, pelo aprendizado de lidar um com o outro, pela construção do não-dito, dos segredos, das brigas, dos jogos retóricos e dos esquecimentos (pacto denegativo, Kaës) comuns.

Lemaire nos alerta que a transferência sobre o terapeuta, na terapia de casal, é mais discreta, porque a maior parte da atividade de transferência se orienta para o *conjunto-casal*, ou sobre o parceiro, que representa os primeiros objetos.

O terapeuta deve se colocar no centro do conflito do casal, mas isso é difícil porque a violência das emoções e dos afetos impele o terapeuta a evitar as cenas sofridas, adiando a abordagem dos problemas trágicos, enquanto o casal-grupo se une para proteger seu *modus vivendi* que permite seu manejo habitual.

Em um atendimento familiar no NAPC, com o casal e um filho de 8 anos, após quatro meses de terapia, o casal resolveu não mais prolongar a vida da filha com 12 anos e paralisia cerebral gravíssima. O menino, preocupado, sempre esteve presente ao lado da irmã, com receio de que esse desfecho se concretizasse. Durante a sessão, de passagem, sem grandes detalhes, os pais chegaram a verbalizar a ação trágica final: assunto delicado e de difícil abordagem terapêutica. Ao filho, apavorado, parece melhor a questão circular na terapia, inclusive vindo à tona os possíveis fantasmas que podem estar na cabeça do menino, de eventualmente ser o próximo, ou ter que ser um filho maravilhoso para continuar vivo, por exemplo.

Lemaire (1998) nos recorda que alguma perversão sadomasoquista é frequente no casal e até contribui para uma certa erotização. Isto posto, o terapeuta pode ter alguma identificação com a vítima ou com aspectos laterais do perverso, mas não deve se identificar com o perverso quando ele atua sua perversão; por outro lado, é preciso tomar cuidado para não se identificar com a vítima, lembrando que há um conluio entre o sádico e o masoquista.

Quando o terapeuta se defronta com uma população de pessoas com pobreza fantasmática, necessita que o terapeuta empreste palavras (função alfa de Bion, ou capacidade de *rêverie*). No caso, a proposta é emprestar ideias sem sugerir, emprestar como suposição; para Lemaire, se o empréstimo for recusável (ou seja, no caso de um terapeuta não onipotente), a intervenção não será perigosa.

Para Lemaire (1998), se ocorrer algo do tipo "não se fala mais nisso", o assunto em questão se torna naturalmente um ponto de urgência. Da mesma forma, sempre considerar o que poderia impedir a continuidade da terapia: "você fez aliança com minha esposa", é algo que não pode passar sem receber a devida atenção.

### Alegoria

Segundo Lemaire, o clima da sessão será alegórico, banhado de características do pensamento mítico, ou seja, criativo, alusivo, sem medo da racionalidade ou da crítica. Isto posto, as interpretações serão vistas como atividade fantasmática, onírica.

É próprio do pensamento mítico não se deter diante de contradições; ele é para o grupo o que o sonho é para o indivíduo. A dúvida deve reinar; uma atmosfera alegórica que permite que não se creia tanto nos aspectos agressivos, ou em certas expressões espontâneas. O terapeuta serve de continente para as emissões desordenadas e efervescentes, tão perigosas fora do enquadre.

### Só isso?!

A esta altura, você pode perguntar como é possível uma terapia breve, se Lemaire nos alerta para verificarmos todos estes aspectos de um casal. O que é possível dizer é que os assuntos significativos se desenrolam naturalmente durante as sessões, além de lembrar que, mesmo que em alguns casos mais pontuais algumas sessões sejam suficientes, em outros, quatro ou seis meses (ou um ano, que é o máximo de tempo de uma terapia breve) de psicoterapia não é pouco.

### 3.2g Considerações sobre o vínculo

Caso se tome o vínculo neste sentido estrito, onde o vincular está atado exclusivamente a um relacionamento entre dois sujeitos, não se poderia falar de vínculo simbiótico, por exemplo, porque nesse caso, a alteridade não se constituiria.

Ao se postular que o vínculo apenas se estabelece a partir da alteridade, do alheio, vínculos simbióticos não seriam vínculos, assim como também não seriam as relações de apaixonamento, onde se sabe que o outro é apenas feixe de projeções e introjeções, diferentemente da relação de amor, onde o outro é levado em conta.

Em função disso, seria preciosismo mencionar *relação* simbiótica, *relação* de paixão e *vínculo* amoroso, por exemplo, nos casos acima referidos? Será que os diversos autores se referem ao *vínculo* apenas na situação de alteridade, ou o vínculo também pode ser observado a partir de outros tipos de relação?

Em todo caso, em um relacionamento de casal, pode-se pensar que seus membros, em diversos momentos, ora estão em um momento narcísico, em seu mundo interno, ora em uma relação de objeto plena de projeções e introjeções, ora em profunda comunicação com a alteridade do outro. Isto posto, só se poderia falar de vínculo na última situação, ou se poderia dizer que o vínculo se estabelece a partir de configurações diversas, em momentos diferentes, em função de circunstâncias variadas?

Ao longo do livro, utilizo o termo *vínculo* em sentido amplo, onde a relação de casal se constitui e se institui em torno destes três campos: o intrapsíquico de cada um, o campo permeado pelas identificações projetivas e introjetivas e o campo onde a alteridade está presente; isso porque, na prática clínica, as intervenções são dirigidas para o casal como um todo, posto que os membros da díade transitam entre estes três campos o tempo inteiro, nas situações mais saudáveis, de forma fluida e ligeira[7].

Em função disso, tanto a repetição quanto a novidade têm seu lugar fundamental: as intervenções transferenciais (investigação e/ou interpretação) estão presentes, portanto, na minha forma de trabalhar.

Pode-se pensar que a repetição também leva à novidade, à diferença: "na chuva, as gotas de água se repetem, mas elas não são iguais" (Deleuze, 1988).

Mesmo que a repetição de protótipos infantis se apresente na área de transferência na análise pessoal, de casal ou de família, ela enfrenta a alteridade do outro, seja cônjuge, analista ou familiar. A repetição, portanto, tem sempre um quê de novidade, porque ela se repete na presença de um outro, e esta presença altera de alguma forma a repetição. Embora seja repetição, ela nunca é igual, pois ela é modificada pela nova experiência.

7 Em situações mais graves, em um casal ou família mais complicados, pode-se notar que a alteridade raramente ou nunca é atingida, e isso será devidamente trabalhado na terapia.

# 4 Psicoterapia sistêmica de casal

## 4.1 Teoria sistêmica

Os autores da teoria familiar sistêmica partiram do pressuposto de que a psicanálise é demorada porque se ocupa do passado (com interpretações baseadas na infância), a partir de um trabalho baseado apenas no modelo intrapsíquico freudiano (em uma relação a dois na situação terapêutica).

Tais pressupostos não levaram em consideração alguns psicanalistas como Klein, Fairbain (1980), Bion (1948/1961) e Winnicott (1951), por exemplo, e seus sucessores, que deram o salto epistemológico da abordagem do intrapsíquico para as relações de objeto e para com o outro como pessoa real; basearam-se em Freud e na psicanálise clássica para desconsiderá-la.

Inicialmente nos estados Unidos, em paralelo com os trabalhos de psicanalistas desenvolvidos na Tavistok Clinic em Londres, na Argentina com Pichon-Rivière e na França com Anzieu, Eiguer e Kaës, desvendaram um corpo teórico alheio aos estudos psicanalíticos.

## Influências

Os autores da teoria sistêmica da família basearam-se em outras áreas do conhecimento para fundamentar suas ideias a respeito da Psicologia. Sua história se inicia na década de 1930 e vai desembocar em estudos na seara "psi" a partir da década de 1950.

Vou apresentar sucintamente alguns pontos desta vertente do tratamento com famílias, porque me interessa a comparação da psicanálise com os pressupostos da sistêmica. O leitor que não se beneficia das comparações para compreender conceitos, e que não tem interesse na teoria sistêmica, pode pular essa parte.

Gregory Bateson (1904-1980), biólogo e antropólogo inglês naturalizado americano em 1956, trabalhando com o tema da *comunicação* desde a década de 1930, integrou um grupo que se reunia anualmente, em New York, nas *Macy conferences* (onde também estava Kurt Lewin) entre 1946 e 1953, que contribuiu para a consolidação da teoria *cibernética*, qual seja, a noção de *sistema*, de interação, informação, aprendizagem e circularidade, por exemplo.

Wiener, matemático americano, publicou em 1948 o livro *Cybernetics*, no qual define *cibernética* como uma teoria da *comunicação* e do controle, concebendo tanto a máquina quanto o ser vivo como um conjunto de elementos em interação (como um *sistema*). Wiener utiliza o termo comunicação para se referir às interações ou às relações entre os componentes desses sistemas. Assim, a *cibernética* se constituiu como uma teoria sistêmica, ou seja, deslocou o foco de cada um dos elementos componentes para o estudo das relações (comunicações, interações) entre estes elementos (Vasconcellos, 2009).

Tais conceitos, advindos de outros campos do saber, foram aproveitados pelos autores da terapia familiar. Bateson, por exemplo, em parceria com o psiquiatra suíço Jurgen Ruesch, publicou um livro decisivo nesta nova área: *Communication, the social matrix of psychiatry* (1951).

Os Estados Unidos, em função da Segunda Guerra (1939-45), recebeu inúmeros imigrantes da Europa e vivia momento de efervescência intelectual, devido ao aumento da industrialização, da participação crescente das mulheres no mercado de trabalho, das novas tecnologias (televisão, informática) e das mudanças sociais daí decorrentes. Este ambiente, aliado às insatisfações com a psicanálise individual, abriu possibilidades para uma nova abordagem, que incluía os conhecimentos da época, como a cibernética e a teoria geral dos sistemas.

Bateson era inquieto, fez várias parcerias em estudos diversos, mudou de casa e de país diversas vezes para estudar e pesquisar (Samain, 2004). Aproximou-se, na década de 1950, da psicoterapia e da psiquiatria, participando da formulação do conceito de *duplo vínculo* enquanto estava na Califórnia. Deixou os Estados Unidos e a psiquiatria em 1960, mas seus estudos de biologia continuaram a nutrir seus colaboradores como Paul Watzlawsky, no grupo de Palo Alto.

Este grupo, nas décadas de 1960 e 1970, também contou com as contribuições de Virginia Satir e Jay Haley. Estas pessoas se distanciaram e formaram outros centros, levando a bagagem teórica e prática que haviam construído em conjunto. Em torno de 1965, Salvador Minuchin, outro importante nome desta abordagem, começou a trabalhar com famílias.

Nesta época, então, consolidam-se a *Escola Estrutural* de Salvador Minuchin, *a Estratégica* de Jay Haley (grupo de Palo

Alto) e outras, todas se intitulando sistêmicas, embora diferentes entre si. É um momento de ênfase nas diferenças, nas contradições internas de cada modelo e entre os modelos.

O surgimento da *Escola de Milão* (anos 1970), com novas ideias e hipóteses sistêmicas, tem uma influência crucial na forma de pensar e rever concepções teóricas e técnicas, principalmente no que se refere às ideias de objetividade e neutralidade do terapeuta. O terapeuta passa a ser visto como observador participante; ele observa o sistema e participa dele, é um co/construtor do processo terapêutico, tornando-se parte do sistema.

A partir desta alteração conceitual, cria-se então, a terminologia *cibernética de primeira ordem* e *cibernética de segunda ordem* para diferenciar estas duas concepções: na primeira cibernética, o terapeuta se posiciona como observador externo, de fora do sistema, para conhecer uma verdade objetiva, com uma posição hierárquica superior, pois é o agente ativo e condutor do processo; na segunda cibernética, emerge a visão sistêmica da complexidade organizada, onde o observador, que era visto como aquele que observava o mundo e o descrevia de fora, passa a ser visto como parte do mundo que descreve. Nesse caso, reconhecem-se as ideias de instabilidade, desordem, imprevisibilidade, acaso, auto-organização, entre outras.

## Aplicações na terapia com famílias

Desde a década de 1940, o biólogo Bertalanffy (1901-1972) desenvolveu um modelo, a *Teoria geral dos sistemas* (1973), publicado em 1968, que combinava conceitos do pensamento sistêmico e da biologia, visando sua aplicação aos seres vivos e aos sistemas sociais. Nessa proposta, os organismos compõem um sistema aberto em interação com seu ambiente, buscando como um todo atingir um objetivo que visa o equilíbrio, ou *homeostase*, e acima de tudo, dirigido a mudanças.

Segundo Castilho (2017), a filosofia básica que rege a terapia familiar sistêmica é que o todo e as partes são inextrincáveis, gerando as ideias de globalidade e retroalimentação; em oposição à noção de causalidade linear, torna-se importante o conceito de causalidade circular, afirmando que um todo não possui começo nem fim.

Segundo Féres-Carneiro (1994), a terapia desenvolvida a partir do enfoque sistêmico enfatiza a mudança no sistema familiar e conjugal pela reorganização da comunicação entre seus membros. Não se trata de trazer conteúdos reprimidos à consciência; o passado é abandonado como questão central, pois o foco de atenção é o modo de comunicação das pessoas no momento atual.

Segundo Féres-Carneiro (1994), os terapeutas da *sistêmica* se abstêm de fazer interpretações na medida em que assumem que novas experiências é que geram mudanças, no sentido de um novo comportamento que provoque modificações no sistema familiar ou conjugal. Por consequência, são usadas *prescrições* nas sessões terapêuticas para mudar os padrões de comunicação e prescrições *fora das sessões* com o objetivo de encorajar uma gama mais ampla de comportamentos comunicacionais no sistema familiar e conjugal.

Há uma concentração no problema presente e o comportamento sintomático é visto como uma resposta adequada ao comportamento comunicativo que o provocou (Féres-Carneiro, 1994).

Além disso, os princípios sistêmicos da terapia desenvolvidos a partir do trabalho com famílias começam a ser aplicados em psiquiatria comunitária, no trabalho com grupos maiores, instituições como escolas, hospitais, empresas familiares e na área jurídica, através da mediação. Também na sua prática de ensino e/ou formação, a terapia familiar sistêmica utiliza habilidades e recursos diferenciados, como o uso do espelho unidirecional, supervisão ao vivo, gravação de sessões para estudo e *follow-up* (Castilho, 2017).

Temos, portanto: década de 1960, surge a terapia familiar sistêmica, privilegiando o estudo da comunicação; décadas de 1970 e 1980, aparecimento de escolas de terapia familiar, com ênfase na *Escola Estratégica* e na *Escola de Milão*; década de 1990, novos enfoques interpretativos e discursivos; década de 2000, terapia voltada para a família na relação com sistemas mais amplos. Nestes períodos, permanece a primazia do pensamento circular na compreensão do jogo relacional (Costa, 2010).

## Observações psicanalíticas

A meu ver, não se sustentam as críticas iniciais dos teóricos da terapia sistêmica, de que a *psicanálise* se atém apenas ao intrapsíquico. Basta prestar atenção nos estudos de Winnicott, que salienta o espaço transicional como a relação instituída não por um, mas pelos membros constituintes do grupo mãe-bebê; além disso, todo o esforço teórico de Kaës na construção do conceito de aparelho psíquico grupal, por exemplo, é desconsiderado nesta avaliação dos estudiosos da sistêmica.

Cabe lembrar que enquanto, nas décadas de 1950 e 60 nos Estados Unidos, os autores da terapia sistêmica compunham o corpo teórico da terapia familiar distantes da psicanálise, na Inglaterra, Bion já havia publicado *Experiência com grupos*, em 1948; e composto seu conceito de *rêverie*, por exemplo, o qual implica na recepção/transmissão da mãe/bebê de elementos da relação, apenas passível de ser compreendida a partir de uma interação, seguindo uma linha que ultrapassa uma abordagem puramente individual intrapsíquica.

Além disso, a importância do observador em um experimento já estava presente na *Física* desde 1927, com a delimitação do *Princípio da incerteza*, de Heisenberg, ao afirmar que os métodos utilizados para se medir o comportamento do elétron terminavam por influenciar este comportamento. Os teóricos da terapia familiar sistêmica vão se aprofundar neste conceito da participação do observador apenas nos anos 1970/80, embora ele já estivesse presente em Freud e, mais especificamente, na obra de Ferenczi, com a noção de contratransferência, desde as décadas de 1910 e 1920.

Para Eiguer (1985/1991), a teoria sistêmica presta pouca atenção aos mecanismos íntimos do casal, que teoricamente funcionaria como qualquer outro grupo, sem se aprofundar na questão do amor de casal como constituinte do seu psiquismo. Ao mesmo tempo, nada se fala da transferência e da interpretação (Eiguer, 1984/1991), o que a diferencia sobremaneira da psicanálise.

Féres-Carneiro (1994), interessada na integração entre as abordagens psicanalítica e sistêmica, aponta que é possível distinguir na terapia familiar e de casal dois grandes enfoques: o interacional sistêmico e o grupalista analítico. Alguns terapeutas propõem um trabalho numa abordagem sistêmica pura, como Haley (1979), enquanto outros pretendem trabalhar numa abordagem psicanalítica sem nenhum suporte sistêmico, como Ruffiot (1981) e Eiguer (1984/1991).

Há, entretanto, autores que tentam fazer uma síntese destas duas abordagens, no trabalho com famílias e casais, como Lemaire (1982) e Nicollò (1988). Segundo Gomes e Porchat (2006), a partir dos anos 1980, o radicalismo entre sistêmicos e psicanalistas se diluiu, citando autores como L. Friedman, A. Gurman e S. Slipp como exemplos.

## 4.2 Psicoterapia breve sistêmica de casal

Em 1959, Jackson funda o *Mental Research Institute* (MRI), em Palo Alto. Assim, "a história do MRI torna-se a história da evolução de uma concepção da terapia sistêmica" (Wittzaele; Garcia, 1995 p.185), na qual o objeto da terapia não é mais o portador do sintoma, mas toda a sua família.

John Weakland e Jay Haley se unem ao MRI com o final do projeto que desenvolviam com Bateson. Como os dois se interessavam pelo trabalho que estava sendo desenvolvido pelo hipnoterapeuta Milton Erickson, eles se dedicaram cada vez mais ao estudo das técnicas terapêuticas utilizadas por ele. Essa influência diferenciou consideravelmente o trabalho deles, daquele desenvolvido em um primeiro momento pela terapia sistêmica.

Apesar de serem membros do mesmo instituto, MRI, Jackson e Satir se mantiveram na linha da terapia de família sistêmica, pelo menos até a influência de Erickson se fazer presente o suficiente para motivar um projeto de pesquisa que levou à criação do *Centro de Terapia Breve* (CTB), em 1967. O projeto se propunha a responder a seguinte questão: como seria possível conceber uma teoria da mudança, no quadro de uma teoria explicativa interacional do comportamento?

A equipe foi formada por Watzlawick, Weakland e Jackson e contou com uma pequena participação de Haley. Apesar do interesse de todos, o MRI estava passando por uma crise importante havia um tempo e seus membros se mudaram para outros locais, ficando a equipe resumida a Fisch, Weakland e Watzlawick para dar continuidade à pesquisa.

Jackson morreu em seguida, Satir se tornou diretora do Instituto de Esalen e Haley se uniu a Minuchin, na Filadélfia (Wittzaele; Garcia, 1995). Dessa forma, o local que concentrava os principais estudos sobre o desenvolvimento de uma terapia de família deixou de ser o único, e alguns de seus membros formaram outros centros, levando a bagagem teórica e prática que haviam construído em conjunto. É dessa forma que surgem as variações da terapia de família sistêmica, a partir de uma base comum.

Assim, hoje podemos encontrar uma grande variedade de teorias e práticas consideradas *Terapias de Família Sistêmicas*, tais como a Terapia *Estratégica*, a *Estrutural*, entre outras.

## MRI – CTB

No *Mental research institut* (MRI), em 1966, Richard Fisch fundou o *Brief therapy center* (CTB), onde John Weakland foi um dos primeiros a trabalhar. Baseados inicialmente nos escritos de Dick e de Paul Watzlawick, a ideia foi atender famílias de forma a não reproduzir simplesmente o modelo psicanalítico tradicional de longa duração. O melhor nome atual do processo poderia ser: *Terapia breve resolutiva de problemas.*

Em 1974, alguns membros (Watzlawick, Weakland, Fisch) do MRI publicaram seu primeiro trabalho importante: *Change, principles of problem formation and problem resolution*. Em 1982, Fisch, Weakland e Segal publicaram *The tactics of change – doing therapy briefly*, e em 1999 o MRI publicou *Brief therapy with intimidating cases* (Richard Fisch and Karin Schlanger).

O MRI dedica-se, hoje em dia, ao estudo e ao trabalho com a esquizofrenia, a drogadição e a estratégias de resolução de problemas interacionais e organizacionais, em empresas, escolas e comunidades (como, por exemplo, dedicar-se à comunidade latina, através do *Latino brief therapy and training center*).

O MRI é uma corporação pequena, independente, multidisciplinar e sem fins lucrativos, devotada à pesquisa científica baseada em novas formas de observar a interação entre as pessoas. O foco do MRI está no uso de conceitos de estratégia, interação e teoria sistêmica no trabalho com a comunidade, escolas e negócios corporativos, para melhor compreender e resolver problemas com indivíduos, casais, famílias e organizações.

De acordo com Evans (1989), no MRI, define-se comportamento como sendo um conceito de natureza subjetiva. O comportamento é subjetivo e não linear, baseado em nossas percepções; é socialmente integrado, ou seja, os problemas são observados em seu contexto imediato, e dependem da situação.

Para o MRI, os problemas são interacionais e não intrapsíquicos. Promover insight de nada serve; por outro lado, criar mudanças de comportamento irá ajudar a resolver problemas.

Os problemas são resolvidos através da mudança ou eliminação dos padrões de tentativa de solução, que pode ser feita ou fazendo algo diferente ou quebrando o ciclo de *feedback* positivo. Neste sentido, de acordo com Weakland, Fisch, Watzlawick e Bodin (1974), deve-se: focar no comportamento que ocorre entre as partes envolvidas no problema;

mudar diretamente esta interação; e o dever do terapeuta é descobrir como influenciar o comportamento do seu cliente e as suas percepções sobre o problema.

## Escola estratégica

Para dar um exemplo do trabalho sistêmico, é significativa a *Escola estratégica*. De acordo com Féres-Carneiro (1994), para Haley (1979), o que caracteriza o sistema familiar e o sistema conjugal é a luta pelo poder. O termo *estratégico* é utilizado, por Haley, para descrever qualquer terapia em que o terapeuta realiza ativamente intervenções para resolver o problema.

Ao discutir o conceito de *diretivas terapêuticas*, Haley (1973) fala da influência que sofreu do trabalho de Milton Erickson. As diretivas ou tarefas propostas à família ou ao casal têm, em primeiro lugar, o objetivo de fazer com que as pessoas se comportem diferentemente e, como resultado, tenham experiências subjetivas diferentes. Em segundo lugar, as diretivas são usadas para intensificar o relacionamento com o terapeuta. E, finalmente, têm o objetivo de obter informações sobre os pacientes e sobre como responderão às mudanças desejadas.

A *Escola estratégica* é também identificada com o trabalho de Weakland, Fish, Watzlawick e Bodin que, em 1974, publicaram o artigo *Brief therapy: focused problem resolution*, onde apresentam as ideias fundamentais de seu trabalho, isto é, focalizam interações comportamentais observáveis no presente e interveem deliberadamente para alterar o sistema em andamento.

Para estes autores, a brevidade não é uma meta em si, embora traga vantagens práticas e econômicas. O que postulam é que estabelecer limites de tempo no tratamento tem influência positiva tanto no terapeuta como no paciente.

Segundo Féres-Carneiro, os teóricos da *Escola estratégica* apresentam alguns princípios fundamentais do seu trabalho terapêutico: 1) a orientação franca para o sintoma; 2) a visão dos problemas como dificuldades de interação; 3) a visão dos problemas como uma super-ênfase ou uma sub-ênfase nas dificuldades do viver cotidiano; 4) a busca de resolução dos problemas através da substituição dos padrões de comportamento; 5) a utilização de meios que podem parecer ilógicos para promover mudanças; 6) o "pensar pequeno" focalizando o sintoma; 7) a adoção de uma abordagem pragmática na terapia: abordam-se as interações e os porquês são evitados (Féres-Carneiro, 1994).

# 5
# Psicoterapia breve psicanalítica de casal

## 5.1 Tavistok Clinic

No âmbito da Tavistok (Londres, Inglaterra), em relação aos aspectos teóricos alusivos à terapia psicanalítica de casal, segundo Scharff e Scharff (2014), as ideias nucleares são delineadas a partir da psicanálise moderna:

a centralidade da organização inconsciente e da fantasia; mecanismos de comunicação inconsciente; a contínua influência das experiências primitivas e das relações objetais no funcionamento individual e do casal; o papel dos terapeutas como continentes de ansiedade; a importância da transferência e da contratransferência; o papel da sexualidade na vida do casal; os efeitos desorganizadores de traumas primitivos ou atuais na vida adulta; e o uso da interpretação para ajudar os membros do casal a crescer na compreensão e no relacionamento entre si.

Nyberg (2011) faz um esforço para estabelecer as bases teóricas para a terapia breve de casal psicodinâmica de acordo com os estudos da Tavistok. Com periodicidade semanal e tempo limitado, a autora trabalha em Londres no *National health servisse* (NHS), onde o trabalho "longo" individual dura um ano, com 45 sessões, e a terapia com casais tem 20 sessões por ano, além das primeiras duas ou três.

No *Serviço Público* inglês, o trabalho cognitivo, comportamental-cognitivo ou sistêmico é mais frequente do que o psicodinâmico, em função dos organismos formadores psicanalíticos, supostamente rigorosos, não prepararem seus membros para o trabalho com a terapia breve psicanalítica.

Nyberg pontua que as publicações sobre terapia breve são comuns nas outras abordagens, embora pouco frequentes na psicanálise e menos ainda na terapia breve psicodinâmica de casal, embora a Tavistok publique artigos sobre estes temas, desde a década de setenta.

No primeiro deles, em 1974, Gill e Temperley salientaram que abordar problemas como rivalidade e alternância entre dependência e combatividade, ajudou bastante um casal, que estava com problemas de impotência sexual. Consideraram que o foco poderia incidir em conflitos acessíveis, relativos aos sintomas apresentados.

O segundo artigo, de Clulow, Dearnley e Balfour, em 1986, em uma terapia com seis sessões e mais três individuais com cada cônjuge, salienta uma estrutura interpretativa que coloca os dilemas atuais em um contexto mais amplo, e a necessidade de lidar com o término da terapia, aceitando seus limites e possibilidades.

Pengelly (1997) seguiu o modelo de Mann de 12 sessões adaptado para casais, indicando um término definido e um foco formulado em termos da fantasia inconsciente e das defesas compartilhadas. Pengelly (1997) afirmou que

> não é assim tão simples como se vinte sessões de terapia breve produzissem 1/17 do valor de uma terapia de dois anos com 84 sessões. O tempo limitado pelo enquadre comprime e dá forma à sequência inconsciente na transferência, e à sua correspondente contratransferência. (p. 12)

Em 2001, pela Karnak, Francis Grier organizou o livro *Brief encounters with couples: some analytic perspectives*. Dos oito capítulos, quatro se referem aos pais e suas crianças, um deles sobre conselhos nas sessões, um sobre sexualidade em consultas médicas, um sobre a capacidade do terapeuta de manter um *estado mental* dirigido ao casal e no capítulo 7, *A psychoanalytic approach to brief marital psychotherapy*, Monica Lanman e Francis Grier discorrem sobre o tema que nos interessa aqui.

Eles descrevem seu trabalho, (2001, p. 113), a partir dos ensinamentos da terapia breve psicanalítica de Malan (1963). Os autores lembram que ao colocar dois parceiros na terapia, se oferece a oportunidade de lidar com a parte da "vida real" de cada um, em interação com o modo como cada mundo interno se ajusta às experiências primitivas. Para escolher um limite de seis sessões, o estudo se baseou nos trabalhos com casais da Tavistok, sem prazo delimitado, em Malan com a terapia breve e sua experiência com 20 a 40 sessões, em Mann (12 sessões) e em Winnicott com suas consultas terapêuticas.

Nesse artigo, Lanman e Grier (2001) apresentam um modelo de seis sessões, com o casal e um terapeuta, com um questionário de follow-up após seis meses do término da terapia. Foram avaliados 23 casais, com 6 sessões para 13 deles, entre 2 e 5 consultas para 7 casais e 3 casais atendidos em uma sessão.

As sessões foram espaçadas entre si, em geral por seis semanas ou mais; isso permitiu um tempo maior para a terapia, mas dificultou manter um senso de continuidade tanto para os pacientes como para os terapeutas. A primeira das seis sessões também incluiu uma *avaliação*, com mais tempo do que uma consulta habitual, com perguntas relevantes da história, e uma tentativa de formular uma enunciação psicodinâmica do problema apresentado, acrescido de uma interpretação deste material.

Nesse trabalho não foi utilizado um foco específico, embora os autores estejam próximos de um foco formulado em termos de um "tema relativo ao núcleo do conflito relacional". O método das associações livres foi mantido, interpretações transferenciais/contratransferenciais idem.

Os mesmos autores, em outro trabalho posterior (2003) fizeram terapias semanais com 20 sessões e encontraram resultados melhores.

Balfour e Lanman (2012) publicaram um estudo piloto sobre avaliação da terapia psicodinâmica de casal, a partir do atendimento de 18 casais em 40 sessões durante 40 semanas, com *videotapes* no início, meio e fim da terapia, avaliados por observadores independentes. Os resultados mostraram evidências de efetividade após 20 e 40 sessões, utilizando escalas de avaliação adaptadas para casais, com melhores resultados após as 40 sessões.

Em outro artigo, Nyberg, McCann e Glausius (2015) se referem a um *Serviço* da Tavistok ligado ao *Departamento de Educação* inglês, e voltado para casais no início de sua experiência como pais, com atendimento em quatro sessões. O artigo examina o contexto do desenvolvimento do *Serviço*, centrado na prevenção a partir da análise do relacionamento do casal com filhos, segundo os preceitos da terapia breve.

Nyberg (2011) sumariza os pontos principais dos vários artigos escritos sobre a terapia breve, salientando alguns pontos como a necessidade de encarar o término do processo terapêutico sabendo que há questões ainda a tratar; saber que há dois níveis de profundidade dos problemas; que a terapia breve se atém aos problemas atuais; que os problemas profundos permanecem inatingíveis; e a importância de haver um foco, um problema central, com suas fantasias e defesas compartilhadas pelo casal.

Nyberg comenta que esta questão de superficial e profundo faz pouco sentido, pois interpretações atingem vários níveis, difíceis de qualificar, sendo mais útil utilizar os termos de Gill e Temperley (1974): *conflitos mais ou menos acessíveis.*

Alguns terapeutas trabalham com um foco acordado com o casal e outros com um foco não dito, mas o têm como um guia em suas mentes: um problema central que promove uma estrutura de compreensão, o que não implica em estar concentrado em uma questão específica e limitadora. O foco, inconscientemente, torna o terapeuta mais ativo, o que já é comum ocorrer no caso das terapias de casal.

O foco, para Nyberg, seguindo Lanman (2003) incide nas *fantasias inconscientes compartilhadas*, ou no *ajuste inconsciente do casal*. Para Lanman (2003), o foco é uma arena mental para projeções mútuas de um tipo semipermanente, onde são atuados (*enacted*) dilemas, ansiedades e defesas inconscientes.

A forte transferência que ocorre no casal é captada nessa arena onde as projeções ocorrem e capturam a essência do campo inconsciente compartilhado. Quando padrões de relacionamento se tornam rígidos, o casal comparece à terapia, onde essa arena será abordada.

## 5.2 NAPC – Núcleo de atendimento e pesquisa da conjugalidade e da família do Instituto Sedes Sapientiae, São Paulo, Brasil

Desde 1999, o *Núcleo de atendimento e pesquisa da conjugalidade e da família* (NAPC) atende casais e pacientes individuais com queixas conjugais em psicoterapia breve psicanalítica, tendo incorporado o atendimento com famílias a partir de 2011.

De 1999 até fevereiro 2016, sempre às quintas-feiras, às 11h, foram realizadas mais de 740 supervisões de casos clínicos, com mais de 700 casos novos atendidos, tanto de casais, de famílias e de pacientes individuais, totalizando mais de 1000 pacientes atendidos nestes 16 anos de trabalho.

O NAPC, um dos projetos da Clínica Psicológica do Instituto Sedes Sapientiae, tem como proposta o atendimento de pacientes com problemas conjugais e familiares, de acordo com a psicanálise e dentro dos padrões éticos do Instituto; visa compreender sua clientela a partir da singularidade de seus conflitos vinculares e de sua inserção em um mundo real, onde se levam em conta os efeitos das últimas importantes transformações ocorridas, como por exemplo, o feminismo (1968), a queda do muro de Berlim (1989) e o fenômeno da internet (2000), para investigá-los do ponto de vista psicanalítico e social.

O NAPC tem como eixos teóricos a psicanálise, a psicoterapia breve psicanalítica e a psicoterapia psicanalítica de casal e de família.

O grupo de pessoas que trabalha no NAPC segue o vértice psicanalítico, compreende o casal como uma díade amorosa (Ruffiot), trabalha com o conceito dos tipos de personalidade (Freud, Bergeret, Hegenberg), entende que o vínculo do casal (Kaës, Eiguer, Berenstein) e dos três na sessão se dá no espaço transicional (Winnicott), utiliza a investigação/interpretação da transferência/contratransferência e presta atenção ao jogo das projeções/introjeções e das identificações projetivas (Tavistok Clinic) que ocorre nas sessões.

O conceito de foco (Hegenberg), – que incide no modo como as pessoas e o casal lidam com as angústias de base –, e de limite de tempo (Mann/Malan), se referem à psicoterapia breve, que salienta a importância dos primeiros contatos com o paciente em suas entrevistas iniciais, consideradas como sessões psicoterápicas (Gilliéron).

## 5.2a Prática clínica do NAPC

O Sedes Sapientiae foi a primeira Faculdade de Psicologia do Brasil, tendo em 1974 se tornado o que é hoje a Psicologia da PUC-SP. O Instituto Sedes Sapientiae, como instituição voltada à pós-graduação, surgiu em 1976. Nesse período, construiu trabalhos nas áreas da saúde mental, da educação e da filosofia. Caracteriza-se pelo compromisso em analisar e responder às exigências do contexto social, constituindo-se em um centro multidisciplinar de reflexão e em um lugar permanente de formação e de serviços.

O NAPC, da Clínica Psicológica do Instituto Sedes Sapientiae, criado em 1999, atende pacientes com problemas conjugais, tanto casais como individualmente. Depois de integrar o *Projeto com famílias* que era desenvolvido desde 2006 pela psicanalista Gislaine De Dominicis, o NAPC também passou a atender famílias, a partir de 2011.

A recepção dos pacientes se dá em regime de plantão semanal, toda quinta-feira pela manhã. O casal, uma pessoa interessada, ou a família, são atendidos pelo membro da equipe que está de plantão. Caso o futuro horário de terapia seja congruente com o dos pacientes, o terapeuta responsável pela consulta inicial já inicia o atendimento. Quando os horários não coincidem, procura-se dar um acolhimento inicial adequado às queixas e ao clima do momento, e os pacientes são encaminhados para um terapeuta cujos horários sejam compatíveis.

Os trabalhos de acolhimento, compreensão da demanda e até alguma interpretação cabível, já são iniciados neste primeiro atendimento do plantão, que está longe de ser uma triagem.

As sessões com os pacientes do NAPC têm a duração de uma hora e quinze minutos, com a frequência de uma vez por semana. Nas primeiras sessões, destinadas às quatro tarefas, as intervenções terapêuticas ocorrem desde o início, enquanto se avalia a demanda e se esclarece a indicação.

As sessões iniciais de terapia do NAPC seguem o modelo das *Quatro tarefas*, (VER APÊNDICE), a saber:

Na primeira sessão, a primeira tarefa consiste em *formular uma intervenção inicial* baseada nos primeiros movimentos (o não verbal) dos pacientes, na primeira fala significativa do casal e na reação emocional do terapeuta.

Nestas primeiras sessões, há que se esclarecer a demanda, diferenciando-a em relação à queixa, aos sintomas e ao motivo da consulta.

As histórias de vida devem ser obtidas nestas primeiras sessões, como forma de facilitar a compreensão psicanalítica do casal, família ou paciente individual.

Na segunda tarefa, deve ser discriminado qual o tipo de crise que o casal ou um de seus membros atravessa, porque tal circunstância influi na determinação do tempo de terapia.

A terceira tarefa implica em estabelecer um foco para a terapia, baseado no modo como as pessoas lidam com as angústias de castração, de fragmentação e de separação, analisadas no âmbito individual e do casal.

A quarta tarefa implica na indicação. Então, a sequência e o tempo de duração da terapia são combinados (contrato) neste momento, após elaboração das tarefas anteriores.

As quatro tarefas podem ser realizadas em três ou mais sessões, dependendo da experiência do terapeuta e da complexidade de cada caso. Elas se estendem pelo tempo necessário; em casos mais difíceis, as quatro tarefas podem ocorrer em até dez sessões, por exemplo, porque o importante é completá-las a contento e não seguir um número pré-determinado de consultas.

A indicação pode ser para psicoterapia breve ou sem prazo definido, individual, de casal ou de família; pode ser para encaminhar para o psiquiatra, para outro tipo de terapia dentro ou fora do Sedes, ou inclusive não indicar para terapia alguma.

O seguimento da terapia, após as primeiras sessões, segue o vértice psicanalítico. A questão do final previamente combinado é tratada nas sessões, de acordo com as angústias e demandas que se apresentam em cada caso.

A psicoterapia tem a duração máxima de um ano, com frequência semanal, sendo o mais comum se prolongar por quatro a seis meses. Observa-se que quanto maior a experiência dos terapeutas do NAPC, menor o tempo de terapia; ou seja, o terapeuta que ingressa no NAPC, tende a propor terapias com prazo maior (até o máximo de um ano), e depois, ele mesmo, com o tempo, naturalmente, passa a trabalhar com um número de sessões próximo a vinte, além das quatro tarefas que, em geral, duram de três a quatro sessões.

Em função de inevitáveis imprevistos, é preferível que seja marcada uma data para o término e não um número fixo de sessões. O número fixo de sessões esbarra nas possíveis faltas do casal, o que pode complicar de forma desnecessária a questão do tempo da terapia.

Dependendo do caso, o final será lembrado com frequência, ou apenas perto do encerramento da terapia. Avisar o casal com um prazo mínimo de um mês é recomendável, para haver tempo de pensar no encerramento das sessões, na separação, com tudo o que ela representa de abandono, de castração ou de potencial fator de desorganização.

Na data acordada, então, a terapia termina e um retorno poderá ser marcado para dali a alguns meses (após seis meses é o mais comum). Temos casos de retorno para follow-up de seis meses, um ano e cinco anos.

Com frequência, o casal não retorna para o *folow-up*; como são duas pessoas, é comum que a dupla não queira/não consiga comparecer. Em função disso, a partir de 2013 desenvolvemos o hábito de telefonar para o casal uns dias antes da data do retorno. A frequência de comparecimento no retorno após seis meses não é alta, compatível com a porcentagem de 10% dos casais que continuam complicados e gostariam de continuar a terapia por mais tempo. Nos outros casos, o casal dispensa o retorno, mas responde às perguntas feitas pelo terapeuta via telefone.

Nos casos em que o casal, no *follow-up*, pretende retornar para nova terapia, a rotina do NAPC consiste em realizar algumas (de uma até quatro) sessões e depois marcar novo retorno para dali a seis meses ou um ano; é preferível assim proceder, em vez de marcar sem hesitação uma nova psicoterapia breve ou uma terapia prolongada. Isto, porque se observa que algumas sessões são suficientes, na maioria dos casos, para que o casal não precise de mais tempo de terapia, embora eles talvez permanecessem caso lhes fosse oferecida tal possibilidade.

Alguns casos são posteriormente encaminhados para terapias individuais ou de casal sem prazo definido.

Cabe salientar que o NAPC trabalha com a psicoterapia breve por considerá-la factível e eficiente, não tendo nenhum contrato de limite de tempo por parte do Sedes ou de qualquer instância ou convênio. Trabalhamos com este enquadre porque acreditamos nele.

## 5.2b Estatísticas do NAPC

De 1999 a 2019, foram atendidos pelo NAPC mais de 1000 casos e, ao longo desse tempo, é possível observar mudanças significativas em alguns aspectos referentes aos atendimentos realizados.

De 2000 até 2015, foram 691 atendimentos ao todo, dos quais 543 (quase 80%) foram até o final e 148 (20%) ou nem começaram, ou abandonaram.

Provavelmente em função da experiência acumulada, a porcentagem se altera com o tempo: por exemplo, de 2009 a 2015, foram 243 atendimentos, dos quais 214 (ou 88%) foram até o final e 29 (12%) não terminaram ou nem começaram (nesse caso, principalmente em função de incompatibilidade de horários).

### Modalidade de atendimento

Inicialmente, de 2000 até 2002, o número de casais atendidos (54) foi praticamente igual ao número de pacientes individuais com problemas conjugais (49), a maioria do sexo feminino.

A partir de agosto de 2002 até novembro de 2006, observa-se uma alteração significativa em relação aos dados acima: foram realizados 170 atendimentos de casal e 55 atendimentos individuais. Isto se deve ao fato do NAPC passar a ser reconhecido como um local de terapia para casais, recebendo encaminhamentos dirigidos para este fim, principalmente, pelos outros setores da Clínica do Sedes.

Esta proporção se altera cada vez mais, na medida em que o NAPC passa a receber, também, encaminhamentos externos ao Sedes. De 2009 a 2012, por exemplo, o número de casais que terminaram o atendimento foi de 84, enquanto foram completados 29 atendimentos individuais.

Outra alteração importante refere-se à proposta de atendimento familiar, cujo início se deu em 2011.

Exemplificando, em 2013, foram atendidos 32 casais, 02 famílias e 06 pacientes individualmente; em 2014, foram 19 casais, 8 famílias e 2 pacientes individuais e em 2015, foram 20 casais, 12 famílias e 2 pacientes individuais.

É possível observar que o número de famílias atendidas tem aumentado, enquanto o número de pacientes com problemas conjugais, atendidos individualmente, continua diminuindo no decorrer dos anos.

Estes dados evidenciam dois aspectos: que o NAPC, já reconhecido como um centro de atendimento de casais, também passou a ser referência no atendimento de famílias; além disso, nota-se a mudança de enfoque dos terapeutas do NAPC no que se refere à indicação. Atualmente, se a queixa recai sobre um membro, convidamos o casal ou a família para as consultas, o que altera significativamente a indicação e a sequência do atendimento.

Neste contexto, vale ressaltar que só podemos indicar aquilo que conhecemos: se o terapeuta não tem formação em casal e família, a tendência é indicar terapia individual. Da mesma forma, se o terapeuta não tem formação em terapia breve, todos os casos serão indicados para terapia sem prazo definido.

### Tempo de relacionamento e idade

Entre 2009 e 2013, por exemplo, a maior parte (54%) dos casais tinha até 10 anos de convivência na hora da procura pela terapia, com 16% acima de vinte anos de casamento.

Nessa mesma época, 70% dos que procuraram a terapia tinham entre 31 e 50 anos de idade.

### Tempo de terapia/duração

Entre 2009 e 2013, o tempo da terapia girou em torno de 3 a 5 meses, em 62% das vezes, excedendo 6 meses em 17% dos atendimentos; o mesmo se passa até 2015, sendo o que o mesmo ocorre em relação às famílias atendidas.

Notamos, ao longo dos anos de trabalho do NAPC, que o tempo de terapia proposto varia com a experiência do terapeuta: quando o terapeuta entra na equipe, as terapias tendem a ser mais longas. Com a prática clínica adquirida, em geral, o tempo de terapia passa a girar entre 3 a 5 meses.

### Principais queixas

O NAPC, em função das características da Clínica do Instituto Sedes Sapientiae não atende casos graves, sendo que as queixas mais comuns são as questões sexuais, as dificuldades de comunicação, o abandono e a indiferença, além de dificuldades de aceitação e de valorização entre os cônjuges.

De 2009 a 2013, por exemplo, os problemas que levaram os casais à terapia foram: problemas de comunicação (17%), brigas do casal (47%), traição (21%), questões sexuais (15%) e ciúmes (5%).

### Tipologia do casal

Em relação à tipologia do casal, em sua maioria, é anaclítica, representando 56% dos atendimentos.

### Internet

Se, em 2009, a internet era responsável por 28% dos casos novos, em 2013 foi responsável por 50% da procura pelo NAPC, além dos 22% de encaminhamento interno e 28% de outras instituições.

# 6
# Teoria na prática do NAPC

O grupo do NAPC entende que o vínculo do casal ocorre no espaço potencial criado pela díade amorosa (duas pessoas reais) e se desenlaça no entrecruzamento de suas realidades internas com o jogo de projeções, introjeções e identificações projetivas, na interação de suas subjetividades, influenciado pela biografia de cada um e pelos diferentes momentos da história de cada casal.

Em relação à psicoterapia breve psicanalítica de casal, o NAPC segue o vértice psicanalítico, contempla uma dimensão grupal (interpessoal) e uma dimensão individual (intrapsíquica), utiliza um tempo limitado para a terapia e propõe um foco centrado no modo como as pessoas e o casal lidam com as angústias de castração, de fragmentação e de separação.

As *angústias de castração, de fragmentação e de perda do objeto* são esclarecidas a partir de suas ligações com os *tipos de personalidade* de cada um, que interferem nas questões atuais, atravessados pelas suas biografias, explicitados a partir da experiência intersubjetiva do casal.

O NAPC se utiliza dos conceitos de Eiguer relativos à tipologia do casal e aos organizadores inconscientes do casal.

A tipologia se refere aos casais neuróticos (ou normais), anaclíticos (ou com angústia de perda, ou depressivos) e narcísicos (ou psicóticos). Os organizadores inconscientes do casal, que também nos auxiliam na compreensão das sessões, se estendem aos conceitos de escolha do objeto (parceiro), self conjugal (sentimento de pertença, habitat interior e Ideal do Ego conjunto) e interfantasmatização.

Em relação à interfantasmatização, trabalham-se os conceitos de fantasmas de sedução e de castração, mais comuns entre os casais neuróticos, fantasmas de perda e malefício, mais comuns entre os anaclíticos e fantasmas de interpenetração, cerceamento e aniquilação mais comuns entre os casais narcísicos (Eiguer). No trabalho do NAPC, estes conceitos se mesclam com a análise dos tipos de personalidade de cada membro do casal.

A história do casal é importante na terapia. Como foi o primeiro encontro, como se deu a escolha do cônjuge, por que os dois permanecem juntos apesar das divergências, são questões relevantes a serem pesquisadas e analisadas junto com o casal.

Cabe lembrar que as idades e os momentos de crise influenciam a vida do casal; também não é sem importância se os cônjuges estão juntos há seis meses, seis anos ou vinte anos. Faz diferença se um casal tem parentes próximos e se relaciona satisfatoriamente com eles, se tem amigos, ou não, se está ligado a deferentes grupos, religioso ou político, por exemplo.

Casar-se após seis anos de namoro ou depois de apenas poucos meses, estar em boas ou más condições financeiras, ocorrer uma gravidez antes ou logo após a união, são circunstâncias que também devem ser levadas em conta na avaliação da situação de um casal, além das questões psicológicas, inconscientes ou não.

Uma vez constituído, o habitat contém o casal, representa sua *pele psíquica*. O habitat real é testemunha do passado: paredes, portas, objetos, são carregados de sentidos (papéis, alianças); a casa (Eiguer, 2009) traduz uma linguagem da história do casal e da família.

O ideal de perfectibilidade remete ao ideal dos pais: como são, como se veem, como gostariam de ser ou que os filhos fossem. O casal como grupo estabelece alianças (Kaës), missões a cumprir, ideais a atingir. São todos detalhes a serem investigados e analisados ao longo da terapia.

Conhecer a natureza do vínculo implica na compreensão das escolhas de objeto do casal, da história de sua união, da análise dos mitos de suas famílias de origem, visando transformar atuação em pensamento, o não-dito em palavra, procurando diminuir as projeções mútuas na busca pela autorreflexão, obtida no encontro significativo terapeuta/casal, observado no espaço transicional formado pela díade (Eiguer, 1984/ 1991).

O NAPC analisa o casal como díade, mas também compreende seus membros a partir de suas características individuais, lembrando Lemaire (1998) ao afirmar que o casal não é um fim terapêutico em si, ou seja, a terapia é de cada um, não se cura o casal.

O trabalho clínico do NAPC, acompanhando Lemaire, parte da premissa de que é importante renunciar a toda ação direta sobre o real, além de renunciar à vontade de suprimir o sintoma. Da mesma forma, se esforça em buscar o sentido das trocas do casal dentro da dimensão simbólica, em fazer intervenções como as interpretações, além de preocupar-se com a demanda.

Partindo do princípio de que não faz sentido a realização de psicoterapias individuais em um atendimento de casal, torna-se, então, mais interessante deixar claras as interações entre os membros do casal, seu modo de funcionamento psíquico recíproco, sua experiência intersubjetiva, as motivações conscientes e inconscientes que iniciaram e mantêm a atração mútua, e encaminhar para terapias individuais depois de esclarecidas as questões pertinentes à díade.

## Autores diversos

O tripé da formação é composto pela análise, pela supervisão e pela teoria. Na hora de formular uma intervenção terapêutica, o profissional deve ter em mente o que estudou, de uma forma integrada e natural. Embora não fiquemos pensando na teoria, ela está presente na hora do atendimento.

Os autores que salientei ao longo do livro, acompanham cada intervenção do terapeuta, permeiam a escuta do casal ou da família, compondo uma sessão única, que passa pelo analista em pauta, embebido pelas suas idiossincrasias, limitações e opções.

No momento em que o casal entra na sala, perceber o que se passa com o terapeuta e sentir o clima da sessão, faz pensar em Winnicott e no espaço transicional, no originário e no pictograma, ou seja, situações envoltas no inefável que permeia o ambiente do casal como grupo.

Conhecer o dia a dia do casal traz informações preciosas. Lemaire (1998) privilegia pequenos incidentes do cotidiano:

quem faz o café, quem fecha a porta, esquece as chaves – que não são fatos reais, mas trocas, interações. Solicita-se que descrevam um dia típico de semana e um de final de semana, para recortar detalhes destes organizadores e da relação da díade ou da família. Estes fatores de interação, além de outras possíveis compreensões, fornecem exemplos que facilitam o trabalho com os casais e as famílias.

Quando o terapeuta está atento ao cotidiano do casal e aos móveis da sala, é possível se lembrar de Lemaire e de Eiguer. Se é feita uma pergunta, como, por exemplo, "Se você tem tanta certeza assim que ele já te traiu, por que você nunca fez essa pergunta pra ele?", remete-se a Lemaire, que aponta que o terapeuta de casal e família não pode ser tímido, tem que participar; também se pensa na importância de circularem os fantasmas entre o casal, tendo em mente a importância de um deles pensar e falar sobre o outro, na presença do parceiro do vínculo (Berenstein).

Se o casal briga com força e vontade, é possível se referir a Ruffiot e sua ilusão diádica, o desamor. Quando o casal não percebe algumas situações ocultas, recorda-se de Kaës e do pacto denegativo, e assim por diante.

Outros livros e autores fazem parte do arsenal teórico do NAPC. Assim como Eiguer em 2011, Benghozi veio algumas vezes ao NAPC, a partir de 2014, para supervisões e para falar sobre seu conceito de *malhagem* (2010). Christiane Joubert fez parte do nosso grupo de discussão pela *internet*, sobre psicoterapia breve de casal da AIPCF em 2013, e tem um trabalho interessante em Lyon, França. Em Barcelona, Perez-Testor é um autor importante; na Argentina, Janine Puget, além de Ezequiel Jaroslavsky com a interessante *RevistaPsicoanalisis & Intersubjetividad*, disponível online e seus diversos autores argentinos e latino-americanos.

Outras revistas importantes, na França, são *Le divan familial* e *Dialogue*, assim como a *Revista online da AIPCF*, no site *www.aipcf.net*, com textos em espanhol, francês e inglês.

Em maio de 2017 fundamos a *Associação brasileira de psicanálise de casal e de família* (ABPCF), associação que congrega os psicanalistas brasileiros que trabalham nesta área. A leitura dos autores da ABPCF (ver www.abpcf.com.br) é também fundamental.

## 6.1 Enquadre

Uma psicoterapia precisa de duas condições para se desenvolver:

- que o profissional utilize a relação com seus pacientes, com finalidade terapêutica; e
- que a intervenção tenha um enquadre, que possibilite ao processo se desenrolar ao longo do tempo.

Na psicoterapia, o terapeuta deixa de reagir para compreender o comportamento/discurso do outro, enquanto o paciente atribui um suposto saber ao terapeuta, amparado nas leis e nos costumes do país; ou seja, respeitam um enquadre específico.

Diferentemente de uma *intervenção breve*, uma psicoterapia breve, para ser denominada enquanto tal, exige uma sequência com horários combinados, a fim de estabelecer uma continuidade garantida no tempo, um processo.

O enquadre da terapia, com tom de permanência e de regularidade, garante e dá suporte ao relacionamento entre o casal e o terapeuta, permitindo que ele transcorra dentro de parâmetros definidos.

Para Bleger (1988), o enquadre é o fundo mudo e imutável que permite o desenrolar do processo terapêutico. Para Etchegoyen (1987, p. 301), o maior risco do enquadre é seu mutismo, porque, como tendemos a dá-lo por fixo e estável, não o interpretamos adequadamente.

## Funções do enquadre

Segundo Gilliéron (1983/1986), são duas as funções do enquadre: função dinâmica, que cria um campo dinâmico no interior do qual se desenrola a terapia, e a função tópica, que delimita um lugar psicoterápico.

A *função dinâmica*, indissociável da função tópica, delimita um campo diferente das regras sociais. Por exemplo: suspende alguns tabus e institui outros, como poder falar tudo na sessão, mas fazer não; a relação genitor-filho se reproduz e se inverte, pois o "filho" paga honorários; o terapeuta responde parcimoniosamente às demandas do paciente, através de interpretações, ou seja, uma nova relação se estabelece, onde a frustração se torna presente (Gilliéron, 1983/1991).

A *função tópica* implica na neutralidade e na constância dos locais, com o devido respeito aos horários, à frequência das sessões, à duração das sessões e da terapia e à posição divã ou frente a frente. Estes são parâmetros fixos, que dão suporte ao tratamento, e que apenas se tornam visíveis quando se modificam.

O *setting* implica, então, nestes parâmetros fixos, como: o número de participantes (individual, casal, grupo, família); o número de sessões: 1 a 5x/semana, 2x/dia, quinzenal, mensal; a disposição temporal: tempo da sessão, com 50 ou 20 minutos ou hora e meia; o tempo limitado ou ilimitado para a terapia; a disposição espacial: divã, poltrona, tablado; os honorários; as férias; as regras para as faltas, por exemplo.

## Variações do enquadre

Quando o enquadre varia, a relação entre os seus membros também varia. Por exemplo, ao passar do enquadre de um namoro para o de um casamento, a relação da dupla muda bastante; da mesma forma, quando se altera o enquadre da *análise clássica* (divã, várias sessões semanais e tempo ilimitado da terapia), para o enquadre de uma terapia de casal ou de uma terapia breve, a relação entre seus membros também se modifica.

Na psicanálise podem ocorrer variações do enquadre, e denominações diferentes foram propostas para tais variações. A mudança de nomenclatura não é banal, pois como se afirmou acima, cada variação destas, altera significativamente a relação entre os participantes.

Na análise clássica, ou tratamento-padrão, o enquadre proposto se dá com a utilização do divã, sem prazo para terminar o processo terapêutico e com uma frequência semanal de 3 a 5 sessões.

Quando se passa para um enquadre frente a frente, com uma ou duas sessões por semana e tempo ilimitado da terapia, muitos a denominam de psicoterapia psicanalítica.

O enquadre da psicoterapia breve psicanalítica implica na disposição espacial do frente a frente, com uma sessão semanal e tempo limitado da terapia. No enquadre da psicoterapia breve psicanalítica de casal ou de família, o número de participantes se altera, e a periodicidade, frequentemente, é semanal ou quinzenal.

Cabe ressaltar que a psicoterapia breve será ou não psicanalítica dependendo do que se considere como *psicanálise*, e quais os critérios que serão utilizados para defini-la. Alguns autores, tecendo uma definição *via enquadre* (que me parece simplista), restringem o conceito de psicanálise apenas ao tratamento padrão (ou análise clássica), ou seja: o uso do divã, três a cinco sessões semanais e sem prazo para terminar.

Nesta definição pelo enquadre, as terapias psicanalíticas de casal e de família também seriam inaceitáveis.

## 6.2 Método e técnica

Muitos repetem que psicoterapia breve é uma técnica, referindo-se à "técnica da terapia breve". Cabe diferenciar alguns conceitos.

*Método* é o caminho, é a maneira de proceder, ou fazer algo, como o método de investigação, de observação, indutivo, qualitativo, por exemplo. Muitos autores afirmam que o método da psicanálise é investigativo, ou interpretativo (Herrmann, 2001; Gill, 1954), por exemplo.

*Técnica* não é o caminho, mas a maneira de percorrer este caminho ou, *como* se percorre este caminho. Como e quando perguntar, observar, conversar, são questões técnicas, por exemplo. Se o terapeuta fala muito ou pouco, rápido ou devagar, pergunta, ou não, por exemplo, são questões técnicas.

Quando se afirma que o terapeuta pode ser mais ativo, refere-se a uma variação técnica em relação à técnica padrão da análise clássica, como quando, por exemplo, Lemaire (1998) assinala que o terapeuta de casal não pode ser tímido, ou seja, quando ele tem que garantir a palavra para um dos membros do casal, que se sente oprimido pelo cônjuge, ele está propondo uma alteração da técnica. Note-se, neste caso, que o método da psicanálise se mantém inalterado.

Privilegiar, durante as sessões, um aspecto do discurso ou das emoções do paciente em detrimento de outros, é corriqueiro em nossa prática clínica. Lacanianos prestam (focalizam) atenção às palavras e seus duplos sentidos, kleinianos se atêm (focalizam) frequentemente ao aqui e agora da transferência, por exemplo. São possibilidades técnicas, baseadas em pressupostos teóricos.

Em geral, psicanalistas se incomodam com a proposta de um foco, na terapia breve. Mas, propor um foco no trabalho com a terapia breve, é uma simples variação técnica.

Quando o método (Aiello-Vaisberg, 2004) e a teoria são psicanalíticos, as variações técnicas não impedem a prática de continuar sendo psicanalítica (ver item "definição", adiante). Quando um terapeuta propõe ao casal desenhar a casa de família, ele promove uma variação técnica, propondo um foco para a sessão.

A maneira como se utiliza um foco, também é uma possibilidade técnica; alguns autores se atêm ao foco de forma ativa; no meu caso, lido com o foco respeitando as associações livres, por exemplo (esse procedimento está esmiuçado no item sobre a "focalização").

A técnica se utiliza de *instrumentos*, que constituem as vias pelas quais se aplicam as técnicas; é o caso do *genograma*, do *espaçograma* (Benghozi, 2010), assim como desenhar a casa de família, ou preencher um questionário, por exemplo.

Saliente-se, pois, que referir-se à *técnica da terapia breve*, ou que *a terapia breve é uma técnica*, não parece adequado.

O que se pode dizer é que a terapia breve, assim como a terapia de casal, propõe alterações técnicas, enquanto o método psicanalítico se mantém inalterado nestas diversas variações de enquadre.

## 6.3 Definição

A meu ver, a psicoterapia breve psicanalítica deve ser considerada como pertencente ao guarda-chuva da psicanálise, porque partilha do *vértice psicanalítico*. O que varia é o enquadre e a técnica, enquanto o método e a teoria são mantidos.

Este ponto é frequentemente perturbador para alguns psicanalistas (Fédida, 1988), que não conseguem aceitar que possa existir uma psicoterapia psicanalítica com tempo limitado[8].

O que é psicanalítico[9] é sempre questão complexa, pois não há acordo entre os diversos autores a esse respeito.

8 As dúvidas que permeiam o debate a respeito de questões envolvendo a psicoterapia breve e a psicanálise são de várias ordens. A psicoterapia breve pode ser considerada uma variação de enquadre dentro da psicanálise, ou não? A psicanálise é apenas o tratamento-padrão (divã, várias sessões semanais e tempo ilimitado) ou admite outros enquadres? Se a psicanálise for realizada sem divã, com paciente e terapeuta sentados frente a frente, com uma ou duas sessões semanais, ainda é *psicanálise*, ou deveria se chamar (Kernberg, 2001) *psicoterapia psicanalítica*? Se o tempo for limitado de antemão, a terapia ainda pode ser considerada *psicanálise*? Psicanálise é um tratamento ou é só uma investigação? São temas de amplos debates (Hegenberg, 2004).

9 Para mim, *Psicanálise*, enquanto psicoterapia, pode ser compreendida como um espaço vivencial não aleatório, experienciado dentro de um enquadre com sessões regulares, como um empreendimento que busca a reflexão (elaboração) sobre si mesmo e sobre a relação com o analista, por meio da reescrita (ressignificação) da biografia do analisando (o sujeito transforma sua história e dela se apropria), da elucidação de suas características de personalidade (ligadas aos tipos de personalidade), da investigação do campo transferencial, da interpretação da transferência e da contratransferência, dos lapsos, das repetições, dos sonhos, do discurso do paciente, a partir de suas associações livres.

Segundo Laplanche e Pontalis (1970), *Psicanálise* é a disciplina fundada por Freud, na qual podem se distinguir três níveis:

- um método de investigação para evidenciar significados inconscientes, baseado nas associações livres;
- um método psicoterápico baseado nestas investigações e especificado pela interpretação da transferência, das resistências e do desejo; e
- um conjunto de teorias derivadas dos métodos de investigação e de tratamento (p. 495).

Embora todos os psicanalistas tenham alguma concepção sobre o inconsciente, a teoria é variável de acordo com os diversos autores – Freud, Klein, Lacan, Winnicott, por exemplo. Definir psicanálise apenas pela teoria, parece insuficiente.

## Vértice psicanalítico

Para se situar dentro de um vértice psicanalítico, além da teoria, o *método* aqui adotado passa pela análise ou investigação/interpretação da transferência/contratransferência, pela utilização das associações livres/atenção flutuante e pelo respeito à neutralidade/abstinência.

Especifico melhor o que está sendo considerado *método*:

A psicanálise só tem sentido para o analisando quando ele se sente respeitado em seu desejo, e compreendido (escutado) por um analista colocado no lugar do suposto saber, o que propicia um encontro que permite a comunicação significativa, possibilitada pela criação de um espaço de brincar (terceiro analítico), espaço de troca (vivência) entre duas pessoas reais (uma interessada na análise da outra), respeitadas as regras da abstinência e da neutralidade.

1. as associações livres/atenção flutuante impedem um caminho "correto" a ser perseguido, evitando-se privilegiar um assunto em detrimento de outro. No caso da terapia de casal adapta-se a regra para se dizer o que acredita, sente, imagina também do outro e do que escutou do outro (Lemaire, 1998);
2. investigação da transferência e interpretação (clarificação de outro sentido), levando em conta a transferência/contratransferência, implica na crença em fenômenos inconscientes ocorrendo no vínculo. Na terapia de casal, devem ser consideradas as transferências colaterais, de cada um com o terapeuta e do casal como grupo com o terapeuta;
3. neutralidade/abstinência não significa um terapeuta frio e distante. A neutralidade do terapeuta significa seguir o livre fluxo de associação de ideias do casal, sem interferências diretivas previamente agendadas. Evita-se a imposição de um código interpretativo previamente estabelecido, afastando-se do modelo pedagógico, o que propicia a escuta psicanalítica e possibilita a tradução do que está implícito, oculto.

Tanto a análise clássica, quanto a psicoterapia psicanalítica e a psicoterapia breve psicanalítica, partilham deste mesmo método, o que varia é o enquadre e a técnica.

## 6.4 Limite de tempo e focalização

Isto posto, tendo a psicanálise como referência, a psicoterapia breve psicanalítica de casal, com as devidas variações de enquadre em relação à análise clássica, mantendo-se dentro do *vértice* psicanalítico, segue a definição geral para psicanálise, acrescida de dois elementos constitutivos: um *limite de tempo* previamente delimitado e um *foco*, ligado às angústias básicas presentes na relação do casal.

Alguns autores consideram que a definição de terapia breve pode ser estabelecida apenas a partir do limite de tempo, sem que a escolha de um foco esteja presente.

A seguir, discorro sobre o limite de tempo e sobre a focalização na terapia de casal.

### 6.4a Limite de tempo

Existem terapias que mesmo durando apenas alguns meses não podem ser consideradas como psicoterapias breves. Há que se distinguir entre uma psicoterapia breve e uma terapia encurtada pelas circunstâncias, sendo que nesta última não houve proposta de um trabalho específico para o tempo considerado.

Neste sentido, interessa fazer uma diferença entre o que se entende por terapia de crise e terapia breve.

O trabalho com a crise, em geral, é pontual e voltado para o problema que traz o/s paciente/s para a consulta; frequentemente, ocorre o mesmo com a terapia breve, que costuma ser pontual, igualmente voltada para o motivo da consulta. O que diferencia os dois tipos de intervenção é o limite de tempo; no caso da terapia dirigida para a crise, o limite de tempo não necessariamente se coloca.

Uma terapia sem prazo delimitado pode durar meses ou anos, e a tendência é se lidar com o paciente de maneira diversa da forma adotada, quando já se combina um limite de tempo logo de início.

O limite de tempo *deve ser respeitado* para que possa influenciar a relação terapêutica. Quando o terapeuta diz: "o tempo da psicoterapia será de quatro meses e *no final avaliaremos se continua ou não*", essa terapia provavelmente continuará, e o prazo não terá função alguma.

A terapia breve trabalha com um limite de tempo que, por convenção, dura no máximo um ano. Por outro lado, no caso da psicoterapia de casal ou de família, como em alguns locais de trabalho se costuma realizar a terapia com frequência quinzenal ou até a cada três semanas, o tempo pode ultrapassar a duração de um ano.

O número de sessões ou meses de uma terapia breve é também variável: há quem trabalhe com número fixo de doze (Pengelly, 1997), vinte (Nyberg, 2011), trinta ou quarenta (Balfour; Lanman, 2012) sessões, por exemplo, dentro de um programa/padrão de um *Serviço* específico (Tavistok, nos três exemplos acima).

No caso do NAPC, o tempo delimitado ao final das quatro tarefas, é de no máximo um ano ou por volta de quarenta sessões, mas é variável para cada casal/individual/família, em função de critérios ligados à indicação/demanda de cada caso em particular.

É preferível, a meu ver, que cada caso seja respeitado em sua singularidade, mais do que definir de antemão um número fixo (doze, ou quarenta, por exemplo) de consultas, o que pode não contemplar as vicissitudes de cada casal.

Alguns autores (Malan, 1981; Gilliéron 1986) instituem o limite de tempo logo no início do tratamento, enquanto outros preferem um contrato diferente; combinam com o paciente que o trabalho será breve, mas estabelecem o final do processo apenas quando houver indícios de que a terapia estará próxima de atingir seus objetivos.

## Interferência

Definir um prazo logo no início do trabalho terapêutico pode parecer interferência demasiada no processo do paciente. Como o analista se dá o direito de decidir (mesmo que junto com o casal) a data final da terapia? E as regras da neutralidade e da abstinência?

Cabe lembrar que o analista está sempre interferindo, querendo ou não, por mais cuidadoso que seja, inclusive quando permanece em silêncio ou quando interrompe cada sessão.

O terapeuta interfere no processo terapêutico o tempo todo, inclusive e principalmente porque ele também é um ser humano presente na sala. Questionar o término pré-fixado do tratamento, apontando a interferência do analista no processo da análise é curioso, porque o analista faz isso a cada sessão, ou seja, a maioria dos terapeutas delimita um tempo para cada sessão, em geral de 50 minutos para o individual e hora e quinze para o casal.

Da mesma forma, quantos casais se queixam de que gostariam de não encerrar determinada sessão, ou que prefeririam ter vindo em outro dia e hora naquela semana, em função de algum problema qualquer? Dir-se-ia, porém, com razão, não ser possível atendê-los sem hora marcada, e não é viável ficar horas infinitas[10] com um casal, só porque eles estejam querendo/ou precisando, de mais atenção, naquele dia e hora específicos.

E não seria também interferência alterar o tempo de cada sessão, de acordo com a necessidade, ou vontade, ou desejo, do analista ou do casal?

10 Em um mundo ideal, sem castração, o paciente seria atendido apenas quando quisesse e a sessão teria início, meio e fim, de acordo com a proposta winnicotiana do jogo da espátula. Seria bom mesmo?

Quem trabalha em regime de consultório particular na rede privada, neste momento, pode tender a questionar as razões do esforço do NAPC em propor alguns meses, ao invés de iniciar uma terapia longa e sem prazo definido.

Quem trabalha no *Serviço Público*, ou junto aos alunos nas Universidades, ou nos *Convênios de Saúde*, sabe que é preferível se indicar uma terapia prolongada apenas nos casos realmente necessários, deixando mais tempo livre para os terapeutas despenderem com uma gama mais ampla de casais, que ficariam sem atendimento caso os terapeutas tivessem todo o seu tempo rapidamente preenchido com terapias sem prazo definido.

Claro está que alguns casais, com um quadro mais complexo, exigem atendimento mais longo e assim devem ser respeitados em suas necessidades; isso é diferente de acreditar que todos os pacientes precisam de um tempo longo e ilimitado de terapia.

### Castração

Gilliéron (1983/1991) afirma que limitar a duração da terapia tem um valor interpretativo porque introduz a noção de realidade temporal, recordando a problemática da castração, ao confrontar casal e terapeuta com sua própria condição humana.

Para Gilliéron, em psicanálise se propõe a eternidade e em psicoterapia breve se propõe o luto: o princípio do prazer em um caso, e o princípio de realidade em outro.

A temporalidade instituída pelo enquadre torna-se suporte do processo transferencial, sendo que o prazo pré-estabelecido fornece também um eixo para o trabalho de elaboração.

O limite de tempo de uma psicoterapia breve oferece a oportunidade de lidar com questões relativas à finitude, aos limites, situações claramente ligadas aos eventos e sentimentos do luto e da castração.

## Tempo se mede como?

Cabe salientar a importância do tempo entre uma consulta e outra, para o casal refletir sobre o que ocorreu no espaço terapêutico; o tempo da realidade e o tempo fora da sessão trabalham a favor do processo psicoterápico, mais ainda no casal e na família, que se relacionam diariamente.

A presença do terapeuta e a vivência do processo analítico, a palavra do analista com sua escuta particular, seu lugar de suposto saber, aliado às suas intervenções e à vivência do processo de terapia no encontro singular casal-analista ultrapassam, em muito, os meros segundos de cada sessão.

Para o terapeuta da psicoterapia breve é fundamental a possibilidade de o casal continuar o processo de análise sem a presença física de seu analista. Com o enquadre de tempo limitado e focalização, o encontro e a comunicação significativa (Winnicott, 1963) ocorrem na relação terapêutica da mesma forma que na terapia sem prazo estabelecido.

Então, pergunto: por que o tempo da realidade e o tempo fora da sessão não valem também como *argumentos a favor* da psicoterapia breve? Por que *apenas* para a psicoterapia longa, a palavra do analista e o poder da relação transferencial são duradouros?

Por acaso a influência do analista se mede em termos de quantos minutos ele esteve presente diante de seu paciente? Haveria uma quantidade necessária e suficiente de interpretações ou de tempo de convivência para considerar um encontro como terapêutico? Ou uma comunicação significativa pode se dar além ou aquém da questão temporal? De onde vem a ideia de que somente com um tempo longo alguém pode refletir cuidadosa e profundamente sobre seus problemas?

O limite de tempo da terapia modifica a relação terapeuta/casal, promovendo alterações. Fédida (1988) afirma que "um tratamento analítico pode e deve receber um fim (um término) quando instaurou no analisando as condições de uma análise sem fim" (p. 117), lembrando que o referido autor se manifesta contra colocar-se um término pré-fixado para uma análise. Quem, no entanto, garante que apenas um longo tempo de terapia, ou apenas o prazo indefinido de uma análise pode fazer o paciente chegar a essa *atividade de análise sem fim*?

O terapeuta que trabalha com a psicoterapia breve confia em seu trabalho e acredita que o paciente conseguirá prosseguir sozinho, após o término da terapia. Para tanto, uma boa indicação joga a favor.

## Resistências

Se por um lado, o tempo limitado facilita o lidar com as resistências ao tratamento, por outro lado, o prazo definido de antemão, dificulta o casal de entrar em uma ligação transferencial de *tendência regressiva*. No mesmo sentido, o frente a frente e o menor número de sessões semanais da terapia de casal, dificultam o aspecto regressivo que o divã, a maior frequência semanal e o tempo ilimitado proporcionam.

Temos, então, que o enquadre do frente a frente da terapia (breve, ou não) de casal favorece a importância das interações pela restrição do espaço fantasmático. Seria exótico demais colocar os dois membros do casal deitados no divã, com o terapeuta sentado atrás!

A presença visual do terapeuta e do cônjuge estimula o investimento na pessoa, o que tende a confundir fantasia com realidade; neste sentido pode favorecer uma resistência ao insight, o que pode levar a terapia para uma abordagem mais egóica, com menos *insight*, embora, claro, isto não seja obrigatório.

Cabe ao terapeuta saber lidar com estas questões. Isso, ao pensar que uma terapia com cinco ou seis meses, ou por volta de 24 sessões, propõe tempo suficiente para que o casal compreenda algo de seu funcionamento vincular e consiga *insights* suficientes para alterar a forma como o relacionamento conjugal estava configurado.

Alguns casais preferem um ritmo mais tranquilo, menos invasivo, onde as resistências serão lidadas de forma mais respeitosa, ou seja, caso algum segredo ou dificuldade maior entre o casal torne as sessões mais entediantes, o terapeuta entende que este é o ritmo daquele casal e respeita seu tempo específico.

Em uma terapia breve, a pressão do tempo limitado, acrescido da angústia do casal e seus conflitos, torna urgente que o assunto venha à tona; em função disso, é possível se dizer que, em geral, o prazo limitado da terapia acelera o processo.

Isso não quer dizer que elementos-chave dos conflitos do casal, ou mais profundos, o que quer que isso signifique, fiquem impossibilitados de surgir, ao contrário, eles estarão mais evidentes em função da premência do tempo agindo na relação de casal e na relação terapeuta-casal.

Para Losicer, em comunicação pessoal disponibilizada a mim em 1984, a intemporalidade é o refúgio do fantasma. O *não-tempo* estabelecido pelo analista se torna o refúgio ideal para o fantasma, por um efeito de ressonância da intemporalidade da análise com o não-tempo estabelecido do inconsciente. Pactos, cenas, heranças e destinos inconscientes se oferecem à interpretação com relativa independência dos sintomas, tendo o fim como pressuposto. Em outras palavras, estabelecer um prazo limitado para a terapia, acelera o processo, sem torná-lo superficial.

O limite de tempo possibilita o trabalho com o foco; o conjunto terapeuta-casal, submetido à pressão do tempo, a ela responderá, com a perspicácia aumentada por parte do analista e o desejo de ir rapidamente ao fundo, por parte dos pacientes.

### 6.4b Focalização

Para diferentes autores, o foco pode ser o vínculo, a questão edípica, as defesas, a pulsão, as relações objetais, um traço de caráter, um conflito, um sintoma, uma hipótese psicodinâmica de base, por exemplo. Em todo caso, a demanda do cliente deve estar contemplada no foco, assim como seu sintoma, sua queixa, suas características de personalidade, sua crise e algum tipo de explicação psicológica.

Para Alexander e French (1946), por exemplo, conflito focal é um conflito pré-consciente que aflora à superfície e permite explicar o essencial do material clínico de uma sessão. Um fator perturbador (uma pulsão ou um desejo) entra em conflito com um fator reacional (do ego ou do superego), criando a necessidade de encontrar uma solução (compromisso adaptativo ou defensivo). Para o autor, e tantos outros, os conflitos focais derivam dos conflitos nucleares mais profundos e precoces, que se encontram latentes, recalcados, mas reativados.

A escolha do foco é questão controversa, pois diversos autores preferem diferentes focalizações. Observada atentamente, qualquer proposta de focalização é arbitrária e artificial, apenas refletindo a opção teórica adotada.

Diante da dificuldade de escolha, a melhor opção não seria justamente não existir foco algum? Uma alternativa possível seria não escolher um foco, e deixar que o processo da psicoterapia breve conduzisse as sessões ao sabor do encontro que ocorre na prática clínica. Em outras palavras, é possível se pensar na psicoterapia breve apenas a partir do limite de tempo; alguns profissionais assim o fazem, ou não deixam claro o foco proposto, mantendo-o em um formato vago.

## Para quê?

Entendo que o foco é necessário para haver um acordo entre paciente e analista sobre o que seria importante trabalhar naquele momento. Para mim, é uma forma do terapeuta informar ao casal que ele entendeu seu problema, que está ciente da razão pela procura da terapia.

O foco é útil na psicoterapia breve porque ele estabelece acordos, circunscreve os assuntos a serem abordados, dá um sentido para o prazo estabelecido e facilita a compreensão do processo terapêutico a ser delineado com o casal.

O foco está ligado à queixa e ao motivo da consulta, contempla o interesse do casal no sentido de vislumbrar a possibilidade de alguma compreensão das angústias e dos conflitos que o levou à terapia, além de fazê-lo sentir-se acompanhado pelo seu terapeuta.

## Manejo do foco

Alguns autores, como Sifneos (1992), circunscrevem-se ao foco, que é seguido fielmente na sessão. Nesse caso, o manejo das sessões se simplifica, embora talvez o desejo do paciente possa deixar de ser contemplado.

Na abordagem do NAPC, durante o trabalho com o casal, o foco centrado no modo como o casal lida com as angústias, permeia a compreensão das sessões. O terapeuta, no entanto, permanece no estado de atenção flutuante, sem se ater ativamente ao foco. Como a abordagem do NAPC privilegia as associações livres, não ocorre o que propõe Malan como *atenção e negligência seletivas* na questão focal.

Como afirma Gilliéron, não se diferencia uma sessão de terapia breve de outra sessão de uma análise clássica, embora o processo seja diferente, por força do limite de tempo e da focalização.

O foco estará como pano de fundo na compreensão do terapeuta, da mesma forma como a teoria psicanalítica que nos orienta. A teoria não nos atrapalha, a menos que ela esteja tão presente que ofusque nossa compreensão do paciente naquela sessão considerada; o mesmo se dá com a noção de foco: ele está lá, mas se for acionado a todo instante, ele vai bloquear nossa possibilidade de perceber o que se passa no casal e vai mais atrapalhar do que ajudar.

Como exemplo, cabe a comparação de como funciona a noção de foco com algo que ocorre comumente com os terapeutas iniciantes, logo após uma supervisão: o terapeuta, na sessão seguinte à supervisão, chega com a maior boa vontade de transmitir ao seu paciente o que o seu supervisor lhe apontou. Muitas vezes, o que lhe foi dito não faz sentido ser repetido para o paciente naquele momento específico; se o terapeuta estiver "focado" naquele assunto, ele não vai perceber o movimento da sessão e vai atropelar seu paciente com informações fora de hora.

O foco funciona da mesma forma: ele está lá, como compreensão do casal, como acordo do que vai ser trabalhado, mas ele deve surgir apenas no momento apropriado; ele influencia a compreensão do terapeuta o tempo todo, mas só deve surgir na hora adequada, de maneira cabível para o casal poder aproveitar a interpretação.

Inevitavelmente, todos nós temos nossas preferências teóricas que nos influenciam; da mesma forma, o foco funciona como norteador do trabalho, sem atrapalhar o processo com interferências indevidas.

Dito de outra forma, lida-se com o foco, na *psicoterapia breve psicanalítica de casal*, da mesma forma como se trataria, em uma análise clássica, a questão das férias, da falta ou de um atraso do paciente ou do analista, por exemplo. Se o analista, nesses casos, estiver com tais assuntos, *focos temporários*, na memória e só conseguir ter ouvidos para eles, ele (cometendo um erro técnico) escolherá tais temas, não se importando com o que esteja dizendo o casal; sua escuta estará pervertida pela sua intenção de falar deste material.

O foco deverá permanecer presente, pois o terapeuta sabe que ele existe, mas deverá aparecer na interpretação apenas na hora (*timing*) adequada.

Note-se que focos temporários, são mais comuns do que se poderia conjecturar. Isso em nada altera os fundamentos metodológicos da psicanálise, apenas a alimentam de novas formas de abordagem que facilitam a comunicação com os pacientes, propiciando *insight* e autorreflexão.

## Precisa mesmo?

*Quanto maior o tempo da terapia, menor a necessidade do foco*. Quanto maior o tempo da terapia, mais o foco se dilui ao longo do que é dito e experimentado pelos pacientes.

Quanto menos tempo de terapia, inclusive uma ou duas sessões, maior a importância do foco, como elemento norteador do encontro terapeuta/casal. O casal, a partir do tempo limitado de terapia instituído desde o início, tende a falar sobre o que o aflige, ou seja, dos conflitos ligados ao foco, que se institui naturalmente.

Segundo Malan (1976/1981),

> "o tratamento não pode deixar de ser focal, porque o paciente mostra um único tipo de problema básico ao longo de sua vida. É provável que qualquer material que o paciente traga represente um aspecto desse problema, e tudo o que o terapeuta tem de fazer é interpretar cada aspecto à medida que apareça" (p. 260).

# 7
# Foco – NAPC

A psicoterapia breve psicanalítica tem um foco e mesmo assim, as questões são trabalhadas em profundidade. Trabalha-se o passado/presente do sujeito, suas relações primitivas e atuais, ocorrem *insights*, interpretam-se atos falhos e sonhos, o foco pode ser pré-edípico ou edípico, algumas questões são elaboradas/perlaboradas de diversas formas ao longo de meses, da mesma forma como ocorreria em uma análise longa; ou seja, o método psicanalítico se mantém, o que se altera é o enquadre.

Na esfera do NAPC, o foco incide no modo como as pessoas lidam com as angústias de castração, de fragmentação e de separação, analisadas no âmbito individual e do casal, entrelaçadas em suas relações com o desenrolar do vínculo da díade. Dito de outra forma, o foco estará centrado no modo de funcionamento psíquico da díade, observando-se o vínculo do casal a partir deste viés: como as angústias de base repercutem em cada um e no casal.

Todos nós temos um modo de reagir, de se relacionar, de pensar, de sentir, de se comportar, marcado pela maneira como somos influenciados pelas angústias básicas do ser humano, a saber: agonias primitivas (Winnicott), de separação (ou de perda do objeto), de fragmentação e de castração.

A forma como estas angústias moldam nossa maneira de ser, ao longo de nossas vidas, com as relações primitivas e com as atuais, pode ser observada nas relações de casal ou de família, e na relação transferencial.

Analisar a repercussão da influência destas angústias básicas nos estilos de personalidade facilita a compreensão do paciente sobre si mesmo, e sobre a maneira como o casal sente e reage um ao outro. A autorreflexão proporcionada por esta abordagem, claramente auxilia os membros do casal na obtenção de *insight* sobre a relação conjugal.

## Foco e angústias: tipos psicológicos

Freud em 1931, em seu artigo denominado *Tipos libidinais* compõe três tipos psicológicos: obsessivo, narcísico e erótico. Estes três tipos apresentam pessoas com características próprias que, na formação do casal, articulam relacionamentos que entram em conflito.

Esses três tipos descritos por Freud compõem personalidades que são simples de visualizar na clínica com casais, o que facilita o trabalho do terapeuta na hora de formular um foco de trabalho, posto que os conflitos de um casal são atravessados, obviamente, pelo modo como cada membro da díade se relaciona com o outro.

As três angústias básicas do ser humano a serem destacadas no trabalho com a psicoterapia breve psicanalítica de casal são as angústias de castração, de separação e de fragmentação.

## 7.1 Tipos: narcísico, anaclítico e neurótico

Vou tecer algumas ligações entre os três tipos de personalidade de Freud, as angústias de castração, de fragmentação e de separação, e os modos de funcionamento do casal neurótico, psicótico e anaclítico.

Os tipos[11] obsessivo, narcísico e erótico de Freud, correspondem respectivamente aos neurótico, psicótico e anaclítico (ou estado-limite) de Bergeret (1974/1985) sendo possível relacioná-los às angústias de castração, de fragmentação e de separação (ou de perda do objeto).

A psicanálise nos ensina que a descrição de tipos psicológicos pouco acrescenta, sendo importante ir além dos sintomas e dos comportamentos para poder compreender o ser humano. Em função disso, atenho-me não a comportamentos ou sintomas, mas a seus reflexos nas relações entre os sujeitos do casal, fundado em suas angústias de base.

Cabe lembrar da *teoria do caos*, ao postular que pequenas variações na situação inicial provocarão estados posteriores muito diferentes e imprevisíveis; isto nos ensina o quanto é arriscado confiar em determinismos, ou acreditar em generalizações. Neste sentido, prefiro considerar a personalidade como historicamente *condicionada e estruturada* ao invés de *determinada*, justamente em função das diversas influências

11 Note-se que, os humanos em geral e os *psis* em particular, são interessados em tipologias há tempos.Os tipos de personalidade aqui descritos, são baseados nos tipos libidinais de Freud. Eles estão alinhados com outras descrições que podem ser encontradas em diversos autores. Desta forma, Kurt Schneider (1948), descreve hipertímicos, depressivos, inseguros de si, necessitados de estima, explosivos, entre outros. Igualmente, Ernest Kretschmer, nos anos 1940/50, descreveu seus tipos pícnico, atlético e leptossômico e Gustav Jung os tipos introvertido e extrovertido, por exemplo.

passíveis de ocorrer ao longo da história de uma pessoa, cedendo inclusive lugar também ao acaso.

Por outro lado, em nome da teoria do caos, abdicar de qualquer proposta de compreensão é por demais nihilista, caindo em um solipsismo infecundo. O que se pode esperar de cada terapeuta é o bom senso de saber dosar entre a singularidade e os conteúdos comuns aos humanos: o fato da maioria ter olhos, nariz, boca, queixo e testa, não nos impede de termos um rosto único; ou seja, aspectos comuns e singulares ao mesmo tempo.

Neste sentido, a proposta dos tipos pode ser observada tanto como fator limitante, ao estilo do leito de *Procusto*, quanto ser avaliada a partir de um sujeito singular e protagonista de sua história e de seu modo de ser.

## Angústia de fragmentação: tipo narcísico

Uma das angústias mais primitivas que nos acompanha é a de fragmentação. Para Klein (1946), o bebê nasce imerso na posição esquizoparanóide, cujas principais características são a fragmentação do ego e a clivagem do objeto externo em seio bom e seio mau.

Inspirado pela posição esquizoparanóide de Klein e pelas teorizações de Bergeret (1974/1985), é possível tecer um estilo de personalidade, a partir da composição do tipo libidinal *narcísico* de Freud (1931/1969).

Nesses termos, as pessoas influenciadas pela angústia de fragmentação são permeadas pela questão da organização/desorganização. São profundas, mais próximas do Id, centradas nelas mesmas, estabelecendo delicada relação com o ambiente potencialmente desestruturador. Alguns são confusos, às vezes são desconfiados, outros são obsessivamente rígidos para evitar a desorganização.

Em geral têm um mundo interno rico, são criativos, com ideias próprias, em função de a instância dominante ser o Id. O amar é preferido ao ser amado. Para se defenderem de uma opinião potencialmente invasiva e desorganizadora, podem parecer teimosos.

Como a relação de objeto é fusional, há o risco de se misturar com o outro e perder a identidade; daí, defendem-se da proximidade "*exagerada*" do outro, a qual pode se tornar fator de desorganização interna: com isso, são independentes e não se abrem à intimidação.

Segundo Freud (1931/1969), "podem assumir o papel de líderes, não se incomodam em danificar o estado de coisas estabelecido" (p. 252-3). O terapeuta, diante destes pacientes, tende a organizá-los.

## Angústia de separação (ou de perda do objeto): tipo anaclítico

Diversos autores, como Freud (1914/1969), Klein (1948) e Bowlby (1960), teorizaram a respeito da importância da angústia de perda do objeto, ou de separação, na estruturação do psiquismo do ser humano.

Melanie Klein foi supervisora de Bowlby, mas eles tinham visões diferentes sobre o papel da mãe no tratamento. Klein ressaltou o papel das fantasias da criança sobre sua mãe, mas Bowlby enfatizou o histórico atual do relacionamento.

Partindo do princípio de que o bebê humano *nasce prematuro* e depende da mãe/ambiente para sobreviver, John Bowlby, com pesquisas e publicações sobre *separação* nas décadas de quarenta a setenta, considerou o *apego* como um mecanismo básico dos seres humanos. Na sua *teoria do apego*, ligada à etologia, a função principal atribuída ao comportamento de apego é biológica, e corresponde a uma necessidade de proteção e de segurança.

Igualmente, durante toda a vida, o comportamento de apego está presente em intensidades e formas variadas, como por exemplo, procurar e seguir o cuidador, sorrir ou chorar. Para Bowlby (1969/1990), todas essas formas são observadas nas crianças e nos adultos, ao buscarem a aproximação com outras pessoas; é o padrão desses comportamentos, e não sua frequência, que revela algo acerca da força ou da qualidade do apego.

Seguindo o tipo libidinal erótico de Freud e os tipos de personalidade de Bergeret, pode-se compor o *tipo anaclítico*, baseado na angústia de separação, com as características a seguir: são pessoas "dominadas pelo temor da perda do amor e acham-se, portanto, especialmente dependentes de outros que podem retirar seu amor deles" (Freud, 1931/1969, p. 252).

O tipo anaclítico tem dificuldades para lidar com a agressividade explícita, pois o risco de perder o apoio do objeto torna esse tipo vulnerável às vivências de dependência/independência do cônjuge.

Assim sendo, como a instância que predomina é o *Ideal do Ego*, são frequentes os conflitos com o objeto de apoio a partir da ambiguidade instalada com a equação dependência/ independência.

O sujeito se defende da depressão, que aparece quando o objeto anaclítico deixa de apoiar. Segundo Freud (1931/1969), seu lema é: "amar, mas acima de tudo ser amado".

Na relação transferencial, o terapeuta tende a confortar, a apoiar.

Nestes casos são comuns as reclamações de que o cônjuge não dá atenção suficiente ou não ama na medida justa: "como você pode querer jogar futebol justo no domingo de manhã, que é por excelência, o dia da família reunida"; "como você pode esquecer que era o dia da minha consulta médica?"; "você só dá atenção à sua família. Basta minha mãe aparecer, que você arruma uma desculpa para sair"; "como você pode preferir mexer no computador a me escutar?"; "eu queria tanto ir junto, por que não posso?"; "como assim, você quer sair com seus amigos sem mim?", e tantas outras queixas parecidas.

## Angústia de castração: tipo neurótico

Mesmo a *angústia de castração* não sendo tão primitiva como as de separação e de fragmentação, posto que ela se impõe mais tarde, por volta dos quatro a cinco anos de idade, ela é fundamental na constituição do ser humano.

Pode-se deduzir a partir dos tipos libidinais descritos por Freud, que as pessoas apresentam formas de se relacionar entre si e com o mundo, influenciadas pela angústia de castração, compondo o *tipo neurótico*.

São "pessoas dominadas pelo temor de sua consciência em vez do medo de perder o amor; são indivíduos com alto grau de autoconfiança" (Freud, 1931/1969, p. 252). Freud (1929/1969), em O *mal-estar na civilização*, referindo-se ao mesmo tema, as considera como pessoas de ação, que "nunca abandonarão o mundo externo, onde podem testar sua força" (p. 103).

São pessoas distinguidas pela ambição e pela competitividade, com bom controle dos impulsos, superego severo e com defesas obsessivas. Os aspectos neuróticos levam a pessoa à ação, à conquista, à busca pelo poder, à disputa.

Ao lidar com a castração, o neurótico deseja triunfar de modo fálico e a disputa torna-se imperativa. Competir passa a ser mais interessante do que escutar ou compartilhar, embora a culpa pela conquista possa atrapalhar.

Nesse tipo, as relações de objeto são triangulares, com exibicionismo sexualizado, ou mais ligados à ordem e à parcimônia. Também podem ser obstinados, insatisfeitos, individualistas, austeros, racionais e lógicos, teimosos, submetidos a um superego punitivo.

Bergeret (1974/1985) nomeou as pessoas com estas características como neuróticas, às quais Freud deu o nome de obsessivo. Notam-se características tanto histéricas quanto obsessivas na descrição acima; em função disso, prefiro seguir a nomenclatura de Bergeret.

São pessoas que levam o terapeuta a querer competir na relação transferencial ou a se sentir questionado, incompetente, castrado.

## Os três tipos

Não há um tipo de personalidade mais evoluído ou mais saudável do que o outro; os três tipos têm suas vantagens e suas desvantagens, os três beneficiam-se e sofrem com seu modo de ser.

Dentro desses tipos, a personalidade passa da normalidade à patologia, com variações de grau. Segundo Freud (1931/1969),

> deve-se exigir que esses tipos não coincidam com quadros clínicos, mas em seus desenvolvimentos extremos, contudo, podem aproximar-se de quadros clínicos e, dessa maneira, ajudar a unir o abismo que se supõe existir entre o normal e o patológico. (p. 251)

Os tipos anaclítico e narcísico não têm o Édipo como instância organizadora, o que não quer dizer que não sejam influenciados por ele. A questão da castração é universal e todos os seres humanos lidam com ela, em maior ou menor grau. A diferença é que no neurótico o Édipo é central e a castração é a angústia básica de sua personalidade, enquanto no anaclítico e no narcísico, o Édipo influencia, mas as angústias básicas são as de separação e de fragmentação, respectivamente.

Essas três angústias influenciam os humanos; assim sendo, todos nós temos características dos três tipos, em maior ou menor grau. A predominância de um tipo sobre os outros é a forma mais comum de como os pacientes se apresentam.

Ao longo do tempo, em função das experiências de vida, da análise e do contato com outras pessoas, é possível uma pessoa transitar pelos tipos, tornando difícil sua avaliação, porque algumas pessoas aprendem a lidar com seu modo de ser. Em todo caso, o importante não é a precisão diagnóstica, mas saber apontar para os pacientes como estas características influenciam a vida do casal, promovendo a autorreflexão.

## Tipos mistos

Freud alerta, com razão, que os tipos puros são teóricos, deduzidos da teoria da libido, e que os *tipos mistos* são os clinicamente observáveis, a partir da *experiência*.

Para Freud (1931/1969),"nos sentimos no terreno firme da experiência quando nos voltamos para os tipos mistos, que podem ser observados com mais frequência do que os tipos não mistos" (p. 253).

Os tipos mistos teriam características de mais do que um dos tipos retratados por Freud; temos, na clínica, por exemplo, pessoas com características tanto narcísicas quanto anaclíticas e neuróticas, compondo tipos psicológicos com características próprias, singularizadas pela biografia de cada um.

Os *três tipos mistos* descritos por Freud (1931/1969) são: *anaclítico-neurótico, anaclítico-narcísico e narcísico-neurótico*[12], que segundo ele, "parecem realmente permitir uma boa classificação das estruturas psíquicas individuais que viemos a conhecer através da análise" (p. 253).

Então, por exemplo, o tipo narcísico/neurótico tem características dos dois tipos, ou seja, é uma pessoa que lida com a angústia de fragmentação através de uma relação neurótica com o mundo; é uma pessoa de ação.

Caso se pense em um tipo anaclítico/narcísico, ele seria mais dependente, menos agressivo com o mundo externo, daí mais voltado para si mesmo; carente e exigente de afeto, mas de forma menos turbulenta.

Para Freud (1931/1969),

> o tipo *anaclítico-neurótico-narcísico* seria a norma absoluta, a harmonia ideal. Assim, damo-nos conta de que o fenômeno dos tipos surge precisamente do fato de que, das três principais maneiras de utilizar a libido na economia mental, uma ou duas formas foram favorecidas, às expensas das outras. (p. 253)

Na prática clínica, o que se verifica é a predominância de algumas características em relação às outras, compondo os

12 Nos termos de Freud, a equivalência seria: erótico-obsessivo, erótico-narcísico e narcísico-obsessivo. Prefiro concordar com Bergeret e alterar os nomes dos tipos, mais de acordo com a nomenclatura atual.

tipos descritos; evidenciá-los, auxilia o casal na compreensão do outro, facilitando o se lidar com a alteridade.

Embora estes conceitos visem facilitar a aproximação clínica com o paciente, deve-se evitar qualquer visão simplificadora. Assim sendo, todas as pessoas são criativas em maior ou menor grau, todas se defendem de abandonos e de invasões, todas têm que lidar com a angústia de castração, de perda do objeto e de fragmentação, todas têm algumas das características apontadas em cada um dos tipos; é perceptível, porém, que algumas destas características predominam em uma ou outra pessoa.

Observar, na terapia de casal, as trocas afetivas sob a ótica desses tipos e apontar para os membros da díade, o que está além e aquém das aparências, estabelecendo sempre ligações com as vivências do cotidiano e com as histórias individuais e do casal, auxilia a compreensão e o *insight* por parte dos pacientes. De novo, vale lembrar que quanto menos tempo de terapia, mais esta abordagem ajuda o casal a se conhecer e a elaborar seus conflitos.

## 7.2 Tipo anaclítico/narcísico

Na pessoa do tipo anaclítico/narcísico predominam características dos tipos anaclítico e narcísico, lembrando que todos nós temos aspectos dos três tipos; então, mesmo uma pessoa com tipo anaclítico/narcísico tem características neuróticas, embora em grau menor, variável conforme o ambiente que a influenciou.

São pessoas menos explicitamente agressivas, pois falta a elas o impulso natural de ir ao mundo testar sua força, o que é comum nos neuróticos. Daí, as pessoas do tipo anaclítico/narcísico são mais tímidas, retraídas e ensimesmadas.

Não há diferença de capacidade intelectual ou de brilhantismo pessoal, mas a pessoa do tipo anaclítico/narcísico, por arriscar-se menos e testar menos sua competência, pode ficar sem parâmetros de realidade, o que pode ocasionar inclusive menor autoestima.

O anaclítico/narcísico tende a ser exigente, em função de seu ideal de ego que lhe influencia. Como lhe faltam aspectos neuróticos que lhe dariam ímpetos de se testar na realidade do cotidiano, o anaclítico/narcísico, quando inseguro, tende a exigir que o parceiro (ou familiar, ou amigo) lhe forneça o que falta, podendo se tornar uma pessoa demandante de tudo: de afeto, de quem lhe arrume trabalho, de carinho, de dinheiro, de amizade, pois sente falta de tudo isso, necessitando do outro para preencher seus vazios.

Claro está que tudo isso será mais ou menos acentuado em função das experiências de vida que teve aquele indivíduo em particular: caso tenha tido uma família suficientemente boa, pode sentir-se bem e acolhido; caso tenha sido criado em uma família pouco acolhedora, pode sentir-se inseguro e não conseguir o mínimo de que necessita. Da mesma forma, quando criado em uma família com muitos relacionamentos, tende a ter maior facilidade no contato social.

Nota-se, pois, que as exigências da vida podem influenciar sobremaneira: caso o tipo anaclítico-narcísico seja protegido demais pelo ambiente, pode se tornar muito dependente; por outro lado, se ele é impelido a testar sua força no mundo, desde que respeitado em seus limites, pode vencer grandes desafios.

### Exemplo

Paciente com 37 anos trabalha em empresa de computação, em cargo sem destaque. Seu ideal de ego "gostaria" que ela tivesse mais sucesso no trabalho, mas a carência de aspectos neuróticos a deixam com essa possibilidade reduzida, o que a deixa frustrada a maior parte do tempo. Não consegue fazer amigos entre os colegas, e se ressente de que os outros se relacionam inclusive fora da empresa. Na hora de ser avaliada, percebe que o chefe prefere os colegas que se expressam com mais frequência, mas não consegue se expor mais do que já faz. Expor-se implica em ser invadida pelas opiniões alheias, o que é difícil para uma pessoa do tipo anaclítico/narcísico.

Ao mesmo tempo, ela não consegue realizar atividades fora do trabalho, embora sempre tenha planos para tanto. Além de não conseguir se organizar com horários e locais, ainda tem dificuldades de se relacionar com as pessoas. Por exemplo, ao tentar fazer aulas de dança, esbarrou em colegas já desenvolvidas. Fosse mais neurótica, ela transformaria em desafio o seu atraso; no caso, quanto mais ela se obrigava a fazer bem feito, mais se desorganizava, sem conseguir sequer entender os passos mais simples que a professora ensinava, tendo deixado a academia na terceira aula. Isso depois de passar seis meses em dúvida se iniciava, ou não, as aulas.

Novamente, a capacidade e a criatividade destas pessoas não estão em dúvida; são tão brilhantes quanto os outros tipos. Quando têm sorte e encontram ambiente favorável tanto em sua família de origem quanto no casamento ou no trabalho, se desenvolvem sem nenhum percalço e suas dificuldades passam despercebidas.

Quando são exigidas de forma invasiva, pelo trabalho ou pelo casamento, podem se tornar depressivas, astênicas ou apresentarem sintomas físicos ou psicossomáticos.

O tipo anaclítico/narcísico, segundo Freud (1931/1969), "é talvez o mais comum de todos". Esse tipo

> une opostos, que nele podem moderar-se mutuamente. Pode-se aprender com esse tipo, quando comparado com os outros dois neuróticos, que a agressividade e a atividade vão de par com uma predominância do narcisismo. (p. 253)

Com essa frase Freud quis dizer que o tipo anaclítico/narcísico é mais voltado para si mesmo do que os outros dois tipos. Tanto a agressividade quanto a atividade são "narcísicas", ou seja, menos explícitas, o que não quer dizer que estejam ausentes. Se os tipos com aspectos neuróticos em seu espectro são mais "para fora" quanto à atividade e agressividade, o tipo anaclítico/narcísico é mais sutil, mais sub-reptício, mais voltado "para dentro", mais narcísico.

O anaclítico/narcísico tende a ter um comportamento bem diferente em um ambiente novo ou familiar; no ambiente conhecido o anaclítico/narcísico se sente à vontade e pode tornar-se pessoa falante e descontraída. Mesmo em uma situação nova, quando o anaclítico/narcísico se sente confortável, ele tenderá a ficar mais à vontade, ou seja, menos perseguido pelo olhar alheio.

Quanto maior a intimidade, mais o tipo anaclítico-narcísico se impõe aos seus circunstantes. O que o tipo narcísico/neurótico faz em lugares mesmo desconhecidos, ignorando a reação da plateia, o tipo anaclítico-narcísico, mais preocupado em ter o apoio do outro, o faz em terreno conhecido.

A agressividade é menos explícita para o consumo externo, ou seja, no trato cotidiano parecem ser mais dóceis. Como aponta Freud, porém, a agressividade e a atividade estão imiscuídas com o narcisismo, ou seja, aparecem menos na relação com o público, mas estão presentes em variadas formas, mesmo quando disfarçadas.

Se todos os humanos podem ser vingativos e agressivos, o anaclítico/narcísico o será de forma menos evidente, embora não menos contundente; por exemplo, em uma separação, não briga explicitamente na frente do advogado ou do juiz, mas é capaz de enviar um mandato judicial para o local de trabalho (e não para a residência) do ex-companheiro, o que é agressivo, embora sub-reptício.

Dificilmente perde o controle em público, preferindo calar-se para depois tomar as devidas providências, em função das mesmas características de se sentir exposto, portanto invadido pelo olhar alheio.

O olhar do outro, quando é um desconhecido, é invasivo justamente pelo não controle da situação não familiar, portanto potencialmente desorganizadora.

Caso ele se sinta ameaçado por qualquer motivo factual ou íntimo, ele reagirá de forma a se recolher no seu narcisismo, fechando-se ao encontro com o outro, com o fito de evitar a desorganização interna, fruto da angústia de fragmentação que predomina em seu modo de lidar com o mundo interno.

Com o uso de álcool ou drogas, pode-se imaginar que alguns destes comportamentos possam se alterar significativamente, em função dos efeitos destas substâncias no superego, influenciando o ideal do ego e a agressividade, por exemplo.

## Exemplo de como lidar com a desorganização interna do cônjuge anaclítico/narcísico

Caso você precise combinar algo com uma pessoa anaclítico/narcísico melhor fazê-lo com antecedência.

Situação comum, na sessão de casal, a esposa reclama que ao convidar seu marido para qualquer coisa a resposta é sempre a mesma: "não"! Vamos à praia: não; vamos ao cinema agora: não, não; e por aí vai.

Mas, se a tática do convite respeitar o tempo interno de organização do cônjuge, a resposta provavelmente será "sim". Isso porque o anaclítico/narcísico, quando é pego de surpresa, se assusta com a desorganização interna que o convite produz e reage defensivamente. Quando a esposa convida para "irmos à praia no final de semana" com dias de antecedência, provavelmente o anaclítico/narcísico não responderá de imediato; ele vai precisar de um tempo, o seu tempo interno, para elaborar a novidade e integrá-la em seu espaço psíquico.

Caso a esposa suporte a ansiedade da espera, a viagem será bem-vinda; caso a esposa goste de surpresas, prefira decidir na hora H, o casal terá problemas, como um paciente que disse que é chato demais programar um passeio, pois é só na hora que a vontade surge, que o sol brilha ou a lua está linda; naquele momento específico, aí sim é que tem graça o passeio.

Em todo caso, se você é casado com um anaclítico/narcísico e está interessado em um carro novo ou em uma viagem, melhor avisar antes de receber um narcísico e assustado não, ou uma cara amarrada.

Por outro lado, o inverso não é verdadeiro: se você é casado com um anaclítico/narcísico é possível que surpresas aconteçam, como aparecer um carro novo na sua garage ou uma passagem para uma viagem não programada. Sim, porque o anaclítico/narcísico como tem seu rico mundo interno enclausurado em sua concha narcísica, é capaz de decidir algo sem consultar o parceiro, após ter elaborado a compra sozinho e sem compartilhamentos "desnecessários".

## Tempo

O tempo do anaclítico/narcísico é maior do que os tipos com aspectos neuróticos em si. A presença do aspecto neurótico empurra o anaclítico/neurótico e o narcísico/neurótico para a ação, ao passo que o anaclítico/narcísico é mais aparentemente pacato, menos apressado na realização das tarefas.

Em geral, isso exaspera o companheiro dos outros tipos porque quando o anaclítico/narcísico afirma que "vai lavar a louça" e a pia continua cheia de objetos sujos após dias, o anaclítico/narcísico acredita que vai mesmo lavar a louça, mas "pra quê a pressa?"

O anaclítico/narcísico não tem pressa para a reflexão sobre o outro, tampouco. Se a louça na pia exaspera o parceiro, isso é problema do outro, não dele; o anaclítico/narcísico não passa o dia pensando se a louça suja vai incomodar alguém, ele está mais interessado no que o seu mundo interno proporciona, ou seja, um livro, a TV, o computador, uma reflexão, música, filmes, enfim o que preencher o seu tempo.

Enquanto a mãe do tipo anaclítico/neurótico se magoa porque a filha tipo anaclítico/narcísico não limpa a sala das bagunças que ela faz, a filha adolescente anaclítico/narcísico não pensa na mãe, pois o seu mundo está preenchido com outras preocupações; o que para a mãe é ato proposital da filha destinado a agredi-la, para a filha é "sem": sem preocupação, sem reflexão, ou seja, a filha nem pensou na mãe, nem para agredi-la nem para agradá-la, simplesmente em seu mundo interno a mãe não ocupou as suas preocupações daquele dia.

Embora vivida com mágoa pela mãe anaclítico/neurótico, essa indiferença é possível e necessária porque a filha anaclítico/narcísico precisa de seu espaço de vivência sem se sentir invadida pelos desejos ou ordens da mãe. Caso a filha receba o outro, a mãe, de forma intensa, a questão muito séria sobre "quem sou eu" se instituirá, porque se ela fizer o que a mãe quer o dia todo, se a mãe estiver em seu espaço interno o tempo todo, a filha vai se sentir invadida pela mãe, e terá seu mundo desorganizado pela presença excessiva da mãe em seus pensamentos e decisões.

A melhor forma do anaclítico/narcísico de lidar com isso é afastar-se afetivamente das demandas do outro, voltar-se para seu mundo interno, ignorar os desejos do outro, não refletir sobre isso tampouco.

O tempo interno do anaclítico/narcísico é mais lento do que o dos tipos com aspectos neuróticos, que são mais voltados para o mundo externo. O anaclítico/narcísico, em muitos casos, vive atrasado, porque o relógio da realidade não combina com o seu relógio interno. Na expectativa de um anaclítico/narcísico, daria tempo de sair para um compromisso com meia hora de antecedência em uma cidade com trânsito complicado, e ainda passar no tintureiro para pegar uma roupa, comprar água na padaria e estacionar o carro longe do local do encontro.

Tenho pacientes que raramente chegam no horário, por conta disso. Por outro lado, outros anaclítico/narcísicos são pontuais; *claro está que as generalizações não valem para todos os anaclítico/narcísico ou seríamos apenas robôs projetados em uma agenda programada,* o que não é caso; a psicanálise muito nos ensina ao se inclinar para a singularidade, fruto das histórias de vida peculiares a cada humano em particular.

O que, em geral, determina se um anaclítico/narcísico será pontual ou não é seu interesse. Quando ele está interessado, acorda na hora certa, é pontual, está ligado, atento. Quando é do interesse exclusivo do outro, o anaclítico/narcísico tende, a menos que alguma sanção esteja na pauta, a respeitar muito mais o seu tempo interno do que o desejo alheio; o que, em geral exaspera o outro. Este outro pode ser o companheiro, alguém da família, mas também o colega de trabalho, o sócio, enfim, quem convive e é afetado por este comportamento do anaclítico/narcísico.

Esse tempo interno vagueia ao sabor de seus interesses. O anaclítico/narcísico é capaz de passar o dia todo ou o feriado em casa, na frente da TV ou do computador, sem pressa alguma, sem a ansiedade que um anaclítico/neurótico ou narcísico/neurótico teriam diante de um final de semana inteiro "sem fazer nada". É capaz de passar dias sem contato direto com outros humanos, inclusive porque estas outras pessoas teriam demandas e solicitações que podem estafar o anaclítico/narcísico.

O tempo do anaclítico/narcísico é mais lento do que o do narcísico/neurótico ou do anaclítico/neurótico por conta da possível desorganização interna que o contato com os outros necessariamente implica. Estar em relação implica em ter que ser invadido pelas ideias, falas e demandas do outro, o que pode ser desorganizador, fruto da angústia de fragmentação que se impõe.

## Ambiente conhecido

Por isso mesmo que o anaclítico/narcísico fica mais à vontade em um ambiente conhecido e é capaz de ser bastante ativo, falante e agressivo nestas situações, diferentemente de como se comporta em um ambiente com muitas pessoas desconhecidas.

Estar em público ou falar em público pode ser desestabilizador por conta disso; por outro lado, caso o anaclítico/narcísico esteja treinado para lidar com situações desse tipo, ele pode muito bem sair-se de forma satisfatória. Tudo depende de como ele veja o que se passa no mundo externo. Caso ele consiga manter-se a uma distância afetiva ótima do outro, ele não sentirá desconforto; observe-se que a história de vida entra aí como distintivo para cada um, modificando como se lidará em situações potencialmente complicadas.

Se um anaclítico/narcísico for criado em uma família que sempre teve muita gente agregada, seu traquejo para lidar com muita gente será diferente de um outro que teve uma família recolhida em seus domínios, silenciosa e recatada; ou seja, quando exposto desde pequeno a um ambiente animado com diversos estímulos, o anaclítico/narcísico tenderá a se sentir menos ameaçado pela intrusão do outro, porque estará habituado a estas situações, sentindo-se menos desconfortável e menos invadido.

## Empreendedor

A pessoa tipo anaclítico/narcísico pode ser um empreendedor. Não é apenas uma pessoa que tenha aspectos neuróticos acentuados em seu tipo que pode ser um empreendedor. É fato que a característica neurótica empurra a pessoa para "testar sua força no mundo", como disse Freud, mas o anaclítico/narcísico também empreende, embora de forma diferente da dos tipos com aspectos neuróticos em sua configuração; por exemplo, é capaz de compor um site, mas se isenta de bater de porta em porta para difundi-lo.

É discreto em público, sem o tempero que se pode observar nos tipos compostos com aspectos neuróticos, que testam sua força no mundo de forma explícita.

A confrontação agressiva corpo a corpo é estafante para o anaclítico/narcísico. O que para um anaclítico/neurótico parece divertido, é cansativo para o anaclítico/narcísico. "Eu vendo qualquer coisa, me orgulho de ser capaz de vender um prego torto, de conseguir convencer alguém de que ele precisa do prego", disse-me um dia um amigo meu. Esse corpo a corpo, agressivo e incisivo, combina com um neurótico e não com um anaclítico/narcísico. Não é o modo como o anaclítico/narcísico empreenderia.

## Apoio

O anaclítico/narcísico, sem os aspectos neuróticos que o empurrariam para fora, para o público, nem por isso deixa de precisar de apoio, visto que os aspectos anaclíticos também compõem seu tipo de personalidade.

Em um possível relacionamento entre um anaclítico/narcísico com um anaclítico/neurótico, como os dois têm aspectos anaclíticos no casal, pode se dar uma tendência dos dois se tornarem dependentes entre si, um podendo contar com o outro nos bons momentos, ou um controlar o outro nos momentos problemáticos.

O anaclítico/narcísico pode se beneficiar dos aspectos neuróticos de seu parceiro, que tenderá a ter mais energia, mais amigos, ser mais agitado, fazer mais coisas. Por um lado, o anaclítico/narcísico aprecia e admira este aspecto de seu parceiro, mas dependendo do momento do casal, isso pode se tornar uma fonte de ciúmes e de desconfianças.

Por vezes, o aspecto narcísico do anaclítico/narcísico torna-o desconfiado e invasivo, gerando discussões e brigas. O narcísico quer controlar e vigiar e o neurótico do parceiro vai querer se livrar do que observa como tentativa de jugo.

Se e quando o anaclítico/neurótico, antes inseguro, que vivia bem sob a proteção e segurança de um narcísico controlador e estável, acorda para dúvidas que antes não tinha (o que acontece em geral na meia idade), o equilíbrio do casal pode se tornar ameaçado.

## 7.3 Tipo anaclítico/neurótico

A pessoa do tipo anaclítico/neurótico possui características dos tipos anaclítico e neurótico, compondo um tipo de pessoa com peculiaridades observáveis que auxiliam na hora de trabalhar estes aspectos com o casal na sessão.

Em relação ao tipo anaclítico, de acordo com Freud (1931/1969), algumas "variantes ocorrem segundo se ache *mesclado com outro tipo*, e proporcionalmente à quantidade de agressividade nele presente (p. 252, grifo nosso)

Quando Freud se refere à quantidade de agressividade presente no tipo anaclítico, podemos relacioná-la aos tipos mistos:

- anaclítico/neurótico, considerando que esse tipo é mais ativo, tem uma agressividade manifesta dirigida para o exterior, para o mundo, onde pode testar a sua força;
- enquanto o tipo anaclítico/narcísico é mais voltado para seu mundo interno, justamente por conta desta agressividade que, embora exista como em qualquer humano, tem dificuldade para se expressar claramente.

As pessoas do tipo anaclítico/neurótico, pelo fato de terem ao seu dispor o arsenal neurótico, são pessoas mais incisivas, mais voltadas para o mundo exterior do que o tipo anaclítico/narcísico. Algumas das características anaclíticas são comuns, como a relação de apoio, a dependência do olhar do outro e sua correspondência com o ideal do ego, mas os aspectos neuróticos alteram as características gerais, compondo um outro tipo de personalidade.

Podem ser controladores, em função de sua angústia de perda do objeto. Fruto de seu receio em ser abandonado, o cônjuge anaclítico/neurótico pode ser manipulador quando suspeita não ser amado; pode articular situações para ver comprovada a intenção alheia. Muitas vezes, se sente magoado ao sentir que não é contemplado com o amor que supõe merecer.

Como o tipo anaclítico/neurótico, em geral, tende a cuidar do outro, em função de conseguir enxergar a necessidade alheia, fruto de seu receio em ser abandonado, ele pode se sentir desprestigiado ao não ser suficientemente reconhecido em seus esforços para agradar/cuidar, gerando conflitos comuns à vida de um casal.

## Exemplo

No aniversário de casamento, uma esposa do tipo anaclítico/neurótico programa um jantar a dois, com os cuidados devidos, a luz de velas, música, roupa romântica; seu cônjuge anaclítico/narcísico chega em casa cansado, depois de um dia estafante, onde se sentiu invadido por um chefe exigente e autoritário.

Ela, ansiosa por se sentir atraente e amada, fica chocada quando o marido entra em casa e nem percebe que a sala está arrumada para um momento especial. Ele entra, vai ao chuveiro onde fica durante intermináveis quarenta minutos e sai de pijama, exausto e sem palavras, caindo direto em frente à televisão.

Ela se irrita porque ele não se lembrou do aniversário de casamento; nem uma flor, nem um telefonema, nem um beijo especial: nada, só esquecimento.

Ela se sente desconsiderada, abandonada, não amada. Resultado: discussão de relacionamento, com direito a choro, brigas e indignações de parte a parte.

Notem-se os comportamentos: a esposa anaclítico/neurótica, inclinada para amar e ser amada, em função de seu estilo voltado para o mundo, constrói a cena de um jantar a dois. Ela espera ser reconhecida em seus esforços evidentes de demonstração de carinho, pois seus aspectos neuróticos a levam à ação, enquanto o marido, como faz todos os dias, entra e vai para o chuveiro, nem percebe a sala mal iluminada e preparada para a comemoração.

Situação comum nas queixas de casal; o cenário pode se alterar no conteúdo, mas a lógica da interação é a mesma. Um ator espera ser reconhecido em seu empenho de cuidados, na busca por amor e acolhimento; o outro, em seu mundo narcísico, nem nota o esforço alheio, está tranquilo em seu mundo confortável.

Em nosso exemplo, a esposa está em busca de demonstrações de amor e carinho, influenciada pelos seus aspectos anaclíticos e neuróticos, ou seja, a mesa está posta de forma obsessivamente organizada e decorada e ela, sedutoramente vestida para a ocasião. Ela foi ao mundo para agir de modo agressivo, no dizer de Freud, ou seja, com ações no exterior. O marido, em seu universo anaclítico/narcísico, nem se lembrou do aniversário e nem percebeu os movimentos da esposa.

Neste caso, a terapia de casal, ao demonstrar para a díade os estilos de cada um, influenciados por suas angústias de base, fornece uma explicação plausível para além das queixas intermináveis de desconsideração e falta de amor de um e de invasão e exigência insatisfeita do outro. Os aspectos obsessivos e histéricos, mesclados com a angústia de separação da esposa e os aspectos narcísicos mesclados com a angústia de separação do marido, compõem a maneira de explicitar aos cônjuges como flui o vínculo entre eles.

Para o marido, a esposa é insatisfeita e não reconhece que ele trabalha para a família, que teve um dia difícil; para a esposa, ele não a percebe, nem se importa com ela ou com o casamento. Ao ligar as atitudes de cada um ao seu estilo de ser, a esposa pode pensar que seu cônjuge não lembrou do aniversário do casamento, não por uma desconsideração específica em relação a sua pessoa, mas que seu marido tem um modo de ser onde as demonstrações explícitas de amor fazem pouco sentido; por outro lado, o marido pode refletir sobre a possibilidade de sua esposa não ser uma pessoa chata, exigente e insatisfeita, mas que ela precisa de demonstrações de amor, em função de seus aspectos ligados às suas angústias de base.

## 7.4 Tipo narcísico/neurótico

A pessoa do tipo narcísico/neurótico possui características dos tipos narcísico e neurótico, compondo um tipo de pessoa com traços dos dois tipos considerados.

Como os aspectos neuróticos se manifestam nitidamente, a tendência desse tipo de personalidade é se apresentar ao outro de forma obsessiva ou histérica.

Esse tipo, devido aos seus aspectos neuróticos, tem uma quantidade de agressividade maior do que o tipo anaclítico/narcísico. Em função disso, compõe um tipo que necessita se defender das invasões do mundo exterior para não se desorganizar, mas isto é feito utilizando suas características histéricas ou obsessivas.

Em geral, assim como no caso do tipo anaclítico/neurótico, as pessoas do tipo narcísico/neurótico podem ser consideradas como obsessivas ou histéricas, em função dos traços neuróticos que acompanham o tipo. A diferença é que o modo histriônico ou obsessivo de estar no mundo, está a serviço de evitar a desorganização interna no caso do narcísico/neurótico e está a serviço de evitar o abandono, no caso do tipo anaclítico/neurótico.

## Características histéricas e obsessivas

Os traços histéricos de manter o outro em estado de sedução parecem servir a uma personalidade insatisfeita, como nos faz acreditar os elementos edípicos da castração, mas podem também estar a serviço de uma personalidade que se defende da invasão alheia, que para se manter coesa internamente precisa que o outro esteja à uma distância afetiva segura.

A sedução histérica da *gata manhosa*, que atrai e afasta, logo remete a uma pessoa insatisfeita, que não suporta a falta, o terceiro, a exclusão edípica. Por outro lado, é também possível pensar em uma pessoa assustada, que mantém o outro a uma distância segura, que se defende de uma possível invasão de seu Eu. Sob a regência da angústia de fragmentação, esta pessoa afasta o outro com receio da influência alheia, posto que o outro, com sua presença, sempre impõe um questionamento, sempre invade de alguma forma.

Manter o mundo inalterado, ou seja, compor um cotidiano obsessivamente organizado pode ser apenas uma forma de se manter coeso e organizado internamente[13].

Em outras palavras, esse tipo apresenta características tanto neuróticas (castração) quanto narcísicas (fragmentação); para compreender seu estilo, os dois elementos se compõem e se complementam. Em geral, nesse tipo de personalidade, intervenções voltadas para a castração (como falar sobre limites, hierarquias, impotência, dificuldades para escutar o outro), apenas reforçam a ideia de que a histérica e o obsessivo resistem à interpretação; quando são oferecidas observações dirigidas para a angústia de fragmentação (como se sentir invadido, desorganizado), o narcísico/neurótico responde de maneira compreensiva e colaborativa.

## Teimoso e competitivo

O narcísico/neurótico tende a ser teimoso como forma de defesa para não se desorganizar; se eu não escuto o outro porque eu estou certo do que eu digo, ou seja, sou teimoso, o resultado é me manter coeso com minhas ideias.

Se o tipo narcísico/anaclítico faz isto de forma cautelosa e silenciosa, o tipo narcísico/neurótico cumpre tal função de forma explícita e impositiva.

13 Neste sentido, por exemplo, no DSM V, encontramos o *transtorno de personalidade histriônico*, onde estes "indivíduos têm dificuldades em alcançar intimidade emocional em relacionamentos românticos ou sexuais", ou também o *transtorno de personalidade obsessivo-compulsiva*, onde a "rigidez e a teimosia estão a serviço dos escrúpulos; são excessivamente dedicados ao trabalho, em detrimento do lazer e das amizades", ou seja, transtornos ligados aos aspectos neuróticos, que podem se ligar às questões da distância afetiva do outro. Mais uma vez, o que é considerado neurótico pode estar a serviço de características narcísicas, fruto da angústia de fragmentação que mantém o outro afastado de uma perigosa aproximação, potencialmente invasiva e desorganizadora.

É comum as pessoas do tipo narcísico/neurótico estarem adaptadas ao mundo atual competitivo, muitas vezes ocupando cargos de chefia, podendo ser presidentes, diretores, pois possuem características desejadas para estes lugares de autoridade. Neste sentido, seu estilo agressivo, fruto de seus aspectos neuróticos, se alia a seus aspectos narcísicos, onde a opinião alheia tende a ter menos importância do que no caso do tipo anaclítico, qualidades exigidas para um chefe que não pode ser democrático a todo instante.

O tipo narcísico/neurótico pode se tornar autoritário, e muitas vezes grita para não escutar, discute para não precisar ser questionado, posto que as opiniões alheias e as dúvidas levantam invasivas angústias potencialmente desorganizadoras, enquanto as certezas mantêm o *status quo* interno.

O sujeito narcísico/neurótico muitas vezes faz o que quer, na hora em que assim o entende, decide, age, em função de seus interesses, sem grande preocupação com o desejo do outro. Escolhe o local da viagem, o tempo, os hotéis e o roteiro, ou dá ordens para que assim se cumpra.

Uma pessoa autoritária, incisiva, às vezes agressiva, outras vezes arrogante, pode apenas necessitar destes mecanismos como defesa de sua organização interna, ou seja, utiliza-se destas características como forma de lidar com sua angústia de fragmentação.

## Exemplo de um casal anaclítico-narcísico e narcísico-neurótico

Em um típico bar brasileiro lotado, onde o garçom ocupado não olha ao seu redor com o objetivo de não ser chamado, o anaclítico/narcísico tende a demorar a ser atendido, em função dessa dose de agressividade explícita que lhe falta.

Em muitos casais este simples fato é gerador de brigas e confusões: uma esposa do tipo narcísico/neurótico, por exemplo, espera um tempo o seu marido anaclítico/narcísico chamar o garçom; só que o tempo do anaclítico/narcísico é bem mais elástico do que o tempo do impaciente narcísico/neurótico.

Após algumas leves discussões em voz baixa, como "Estou com fome, você não vai chamar o garçom?", a irritada esposa narcísico/neurótico, olha furiosa para o marido atônito, levanta-se, bate na mesa e grita até o garçom chegar correndo, ao que ela acrescenta: "É assim que se faz, seu banana!". Já presenciei situações como essa, mais comuns do que se imagina.

A questão não é de ser banana, é que essa exposição aos gritos coloca o anaclítico/narcísico em situação desconfortável; ele não gosta de se sentir exposto em público, porque se sente invadido pelo olhar do outro ao se perceber notado. Prefere passar despercebido em função de sua ansiedade persecutória, acentuada pela presença do desejo de ser amado, onde a opinião do outro importa, assim como o olhar supostamente crítico da plateia.

A impulsividade e a agressividade do narcísico/neurótico atenua sua ansiedade persecutória, pois a presença do outro é menor dentro de si mesmo, em função dos aspectos neuróticos de sua personalidade, que dá um tom mais voltado para o exterior, para a ação.

## Menos ou mais neurótico

Observe-se, então, que a presença ou a ausência dos aspectos neuróticos, modificam de maneira fundamental o modo como o aspecto narcísico se manifestará no cotidiano de um anaclítico/narcísico ou do narcísico/neurótico.

Se o tipo anaclítico/neurótico também faz e acontece, ele leva em consideração o outro, porque pretende agradá-lo, em função de sua angústia de perda do objeto; no caso da pessoa do tipo narcísico/neurótico a questão é outra, na medida em que agradar não entra em pauta. Disso se queixam, muitas vezes, os circunstantes.

A liderança do tipo narcísico/neurótico se dá justamente em função destas características de personalidade; como ele tem dificuldade em escutar e levar em consideração a opinião alheia, ou suas ideias são boas e serão destinadas a um futuro promissor, ou suas ideias estão ultrapassadas e o barco poderá afundar.

Ao lidar com estas angústias na terapia, na forma de exemplos do cotidiano, o casal se apropria de outra forma de compreensão dos modos de ser de seu parceiro. Se o narcísico/neurótico é autoritário, exigente, obsessivo e impositivo, cabe ao cônjuge que pretende permanecer casado, compreendê-lo e acolhê-lo, ciente de que a angústia de fragmentação rege seu parceiro e muitas vezes lhe impede de ouvir, de aceder ao desejo do outro.

## Exemplo

No caso de um cônjuge anaclítico que tenha dificuldades para tomar decisões, ele pode se beneficiar de um parceiro com estas características, que o isentam de responsabilizar-se por suas opções na vida.

Em uma sessão, um casal relatou uma sequência de acidentes automobilísticos: eles capotaram o carro três vezes no espaço de um ano, com a presença dos três filhos pequenos.

A esposa salientou que o marido seria bom motorista e eles se espantaram quando a terapeuta tentou problematizar a questão, apontando que acidentes poderiam ser um sinal de algo não tão ameno.

Este casal, propenso a concordar com as decisões do marido, costumeiramente agressivo e autoritário, não considerou como um problema colocar em risco a vida deles e dos filhos. O conluio entre os membros do casal favoreceu ao marido sustentar seu modo de ser, aclamado por uma esposa dócil e submissa, que se escudava em um homem que decidia por ela.

O encaminhamento do casal para a terapia, pela psicóloga da escola do filho, que assustado, estava com "medo de tudo", não prosperou. Este casal permaneceu pouco tempo em terapia, e consideraram que o filho, um fraco, era quem precisava de terapia e não eles.

Muitas vezes, quem denuncia estes espaços de vivência são os filhos, que são atravessados pelas características de seus pais; outras vezes, um cônjuge acostumado a aceitar as imposições do outro se rebela e pretende passar a *ser* e não apenas sujeitar-se.

Em geral, são situações de difícil manejo, em função das angústias de fragmentação serem atravessadas por receios paranóides, por ataques invejosos, por identificações projetivas maciças, que ao povoarem as sessões, tendem a torná-las difíceis de lidar.

## 7.5 A questão das angústias no casal

As questões do casal são apontadas tanto em relação aos aspectos de cada membro, quanto em relação ao funcionamento da díade compreendida como um grupo. Para tanto, a compreensão dos tipos de casais proposta por Eiguer nos auxilia.

Para Eiguer, próximo à tipologia de J. Willy (1975), os casais podem ser organizados em três tipos: neuróticos (ou normais), anaclíticos (ou com angústia de separação), e narcísicos (ou psicóticos). Para Eiguer (1984/1991), os casais neuróticos são organizados pelo Édipo, os anaclíticos por apoio e os psicóticos por simetria ou narcisicamente (p. 33-37).

No casal narcísico predomina o controle, o desprezo, a procura de intenções negativas escondidas, onde um tende a apontar as falhas do outro. O casal narcísico aspira à fusão total, sendo influenciado por fantasmas de interpenetração, de cerceamento e de aniquilação.

No casal narcísico predomina o controle, o ressentimento, a reprimenda, onde a falha é sempre do outro. Nestes casos, muitas vezes o ato sexual é evitado.

Alguns casais são simbióticos, fusionados; ou são casais que se defendem (por exemplo, quando a relação se torna carinhosa ou erótica) agressivamente da fusão, embora cronifiquem a relação, justamente porque têm aspirações simbióticas. Nestes casos são comuns sintomas como alterações psicóticas, auto depreciação, incompletude narcísica, negação do outro, afirmação agressiva de si, além da recusa de comunicação.

## Vínculos narcísicos

Como visto anteriormente (Eiguer, 1984/1991), os vínculos de aliança comportam dois tipos de relação, que contribuem para a solidez e a permanência da ligação: um vínculo narcísico, dominado pelo investimento narcísico comum a toda ligação humana; e um vínculo libidinal, dominado pelo investimento libidinal de objeto e se articulando entre parceiros através da identificação projetiva.

Em toda relação de aliança, o narcisismo tende ao sincretismo, à "união", esfumaçando os limites entre os indivíduos: é o resíduo do narcisismo primário sempre ativo, em busca do semelhante. Manifesta-se como: fusão (aparelho psíquico familiar de Ruffiot, base de todo vínculo) e *self* conjugal.

Os vínculos narcísicos tendem à uniformização, representam a identificação egóica ao idêntico e produzem afetos de reasseguramento (ser reconhecido, amado, valorizado, confirmado).

Nota-se, portanto, que os vínculos narcísicos, embora possam se tornar complicados em um casal narcísico, estão presentes em todos os casais e servem como fator de união, justamente pelas suas características "psicóticas' inconscientes de fusão e de interpenetração.

Pode-se afirmar, então, que habitualmente diversos fantasmas circulam no casal narcísico, como os fantasmas de interpenetração, cerceamento, aniquilação, por exemplo.

Estes fantasmas e as características narcísicas dos casais são analisados, na medida em que surgem no discurso, na história dos cônjuges, dos antepassados e dos familiares, na relação com os filhos, com os objetos, com a casa, com o trabalho e com o dinheiro, por exemplo, nas relações conflitivas ou tranquilas do cotidiano do casal.

Na visão de Eiguer (1984/1991), o casal anaclítico está fundado inconscientemente no medo da perda do objeto e se estrutura para ultrapassar este sentimento de aflição, a relação servindo como apoio.

Em decorrência, o casal anaclítico tem problemas de confiança um no outro e com os circunstantes (pais, parentes, amigos que abandonam). São sensíveis a mudanças, assim como os narcísicos, mas aqui a nostalgia predomina, enquanto o ressentimento predomina no casal narcísico. Muitas vezes, ocorre uma recusa do sexo por desinteresse.

Um conforto narcísico faz parte de qualquer relacionamento, posto que os humanos se apoiam mutuamente. Há casais que não se proporcionam ou impedem isso ao outro, o que dificulta a própria identidade, a autoestima ou o amor próprio. Quando isso ocorre, uma pessoa frágil duvida até de suas percepções corporais, de seus sentimentos, da apreensão do real.

Fazer o outro duvidar de suas próprias sensações íntimas (perversão narcísica, segundo Racamier) é forma de manter o outro preso, com receio de perder o amor do parceiro, embora geralmente isto ocorra de forma não consciente.

No casal anaclítico, em relação à interfantasmatização, predomina o fantasma de perda e malefício mútuo, com a angústia de perda do objeto presente na relação.

Isso ocorre também em função do *Ideal de ego conjunto*, onde o ideal de perfectibilidade remete ao ideal dos pais: como são, como se veem, como gostariam de ser ou que os filhos fossem.

Cada membro do casal traz seus ideais, mas, o ideal de ego do casal é uma representação da perfectibilidade do grupo em relação a seu próprio destino, a um projeto social, cultural, educacional ou "habitacional" para o casal e para a família. O casal estabelece 'missões' a cumprir, ideais a atingir; e têm a missão de transmitir estes ideais aos filhos.

Em relação ao casal neurótico, a focalização no trabalho com a díade, nestes casos, passará pelas questões ligadas à castração.

A coesão dos vínculos do casal e familiares e a autonomia da família nuclear em relação às famílias de origem dependem de como o casal lida com a ilusão (engajamento amoroso inicial) e a desilusão conjuntas, lembrando que na fase de desilusão se impõem a castração, o outro, a falta.

Os vínculos narcíscos contêm fatores de união do casal. Os vínculos libidinais contêm as possibilidades (com potencial transformador) da interação, da sexualidade conjunta e da lei; representam a identificação do outro inconsciente (objeto parental ou transgeracional) ao outro real, em um vínculo entre objetos interno-externo.

Eiguer transpôs para o casal estas características que Freud salientou em relação ao neurótico. O casal neurótico vive inserido intensamente nos vínculos libidinais, onde predominam temas como dificuldades sexuais (impotência, vaginismo, ejaculação precoce, etc.), inveja, rivalidade profissional, e onde as relações extraconjugais são frequentes.

Nestes casais, os assuntos surgem claramente na sessão e o insight evolui facilmente. No casal neurótico, ainda segundo Eiguer, é comum, em relação ao sexo, encontrar-se situações ligadas ao desgosto, à repulsa, ou seja, sexo por repugnância. Quanto à interfantasmatização, em relação ao casal neurótico, sobressaem-se os fantasmas de sedução, de castração e da cena primária.

Eiguer, em outro texto, acrescenta o casal perverso, com as características de frequentes agressões mútuas, verbais ou físicas. A meu ver, embora se apresente desta forma, e seja de difícil manejo, poder notar um outro funcionamento sob os sintomas perversos, facilita a compreensão do casal; prefiro, então, manter os três tipos iniciais de

Eiguer, e observar as características neuróticas, anaclíticas e narcísicas no casal perverso considerado.

Note-se que todos nós humanos lidamos com essas três angústias básicas. Em uma terapia de longo prazo, as questões a elas ligadas surgirão naturalmente; em uma terapia breve, estar atento aos efeitos delas facilita a compreensão do paciente sobre suas queixas e abre possibilidades de insight dos cônjuges em relação aos conflitos do casal.

## Os tipos no casal

No estilo de trabalho do NAPC, estes modos de funcionamento dos parceiros da díade são analisados em profundidade. Na medida em que conseguimos demonstrar, a partir de exemplos do cotidiano e das queixas do casal, como cada um reage ao companheiro e os motivos psicológicos subjacentes em relação às angústias de cada um, o casal consegue um nível de compreensão do outro, uma capacidade de empatia com as dificuldades do cônjuge, que tende a levar a uma diminuição considerável de suas discordâncias.

Os exemplos mais comuns são simples querelas do cotidiano, que encontram significado na proposta de foco observada no NAPC, mas que permeiam o vínculo do casal e interferem sobremaneira na sua convivência diária.

São dois os movimentos possíveis na terapia de casal; um deles é apontar estas questões para cada membro do casal a partir da relação intersubjetiva, outra é mostrá-las ao casal em seu vínculo. Se de um lado, temos, por exemplo, um ou os dois membros da díade como sujeitos anaclíticos, de outro temos o casal com funcionamento anaclítico (ou neurótico, ou narcísico).

## Exemplo de casal anaclítico: ele anaclítico-neurótico, ela anaclítico-narcísico

Recém-casados, o marido se queixava de que a esposa não cuidava direito da casa, o que ele via como desleixo, como falta de atenção para com ele, gerando várias discussões.

Ela, que antes morava sozinha em um apartamento pequeno, foi para a casa dele, grande e com três empregadas. Ele queria que ela gerenciasse e cuidasse de tudo. Como ela esquecia vários detalhes, ele se enfurecia e a considerava negligente com ele e com a casa, sinal de que não dava valor para ele e para o casamento.

A esposa, de tipo anaclítico/narcísico, ao ir morar em uma casa nova e maior, que não era dela e sim dele, tendia a se desorganizar. Ela precisaria de um tempo maior para se acomodar em novos parâmetros; além disso, como são vários os estímulos, é grande a chance dela esquecer de comprar isto ou aquilo, de avisar a empregada tal de fazer isso hoje ou amanhã.

O que para o marido, do tipo anaclítico/neurótico, é considerado falta de atenção, para ela é excesso de informação. Quanto mais ele reclama, mais ela se sente invadida e, involuntariamente, a sua tendência é resistir às "ordens" do marido e caminhar em seu próprio ritmo, "esquecendo" muitas coisas. Ela pode até fazer um esforço enorme e conseguir dar conta da organização externa, mas a custo de um enorme dispêndio de energia psíquica.

Este círculo vicioso tende a gerar desconforto no casal: ele se sente desvalorizado em seus pedidos, e ela se sente invadida e desconsiderada pelas demandas do marido; ele entende os esquecimentos dela como falta de interesse na relação, ela entende as queixas dele como tentativa de controle, como ameaça à sua identidade como pessoa separada dele, além de não se sentir reconhecida em seus esforços para agradar e acertar.

## NAPC

Na forma de trabalhar do NAPC, estas questões do cotidiano são elaboradas a partir da explicitação das angústias que estão subjacentes ao comportamento de cada um, relacionadas às histórias de vida e à história do casal.

O marido saber que é natural sua esposa reagir com esquecimento e confusões às suas demandas, em função de suas exigências de afeto explícitas (marido anaclítico/neurótico) serem recebidas como invasão e desencadearem desorganização interna em uma pessoa do tipo anaclítico/narcísico, oferece uma oportunidade para o marido compreender que a reação da esposa não ocorre desta maneira para irritá-lo, mas sim, condiz com seu estilo de personalidade.

Nas sessões, demonstrar a influência dos tipos se torna mais eficiente quando elaborada junto com as histórias de família. No caso, a mãe do marido desde sempre escolheu seu irmão como o preferido; isto reforça a impressão de ser negligenciado, a cada movimento da esposa de não contemplá-lo como o motivo principal das atenções dela. Para a esposa, ter esta compreensão, oferece a possibilidade de aceitar as demandas do marido sem se enfurecer tanto, ao perceber que ele não age assim para atormentá-la, mas em função de experiências de vida sofridas.

Ao mesmo tempo, o marido entender que sua esposa foi invadida e agredida verbalmente pelo pai e pela mãe durante toda a vida, desconsiderada em suas capacidades, faz com que ele observe que suas demandas são recebidas como invasivas, não sendo apenas pedidos simples de um marido abandonado, mas exigências violentas exercidas por uma pessoa brutal, a serem necessariamente repelidas com esquecimentos e confusões.

No *Apêndice*, um exemplo clínico mais detalhado aprofunda o tipo de trabalho do NAPC com a questão do foco.

# 8
# Considerações finais

## 8.1 Indicação

Lemaire (1998) nos assinala que mais do que uma psicoterapia ou um método, a terapia de casal é um novo paradigma, uma compreensão da psicopatologia do casal para além do individual.

Na opinião de Lemaire (1998), quem não tem formação em casal/família tende a indicar terapia individual para todos os pacientes. Da mesma forma, quem não tem formação em psicoterapia breve, tende a indicar terapia sem prazo delimitado para todos os casais.

A indicação para terapia breve se impõe, como prática mundial, nos *Serviços Públicos* e junto aos *Convênios e Seguros de Saúde*, embora a maioria destes trabalhos se afaste do modelo psicanalítico, fruto das suspeitas e dos preconceitos dos próprios psicanalistas, mais afeitos ao tratamento sem prazo definido.

A indicação para uma psicoterapia breve é mais restrita do que a indicação para um tratamento sem prazo definido, considerando que o casal, nestes casos, deve ser capaz de focalizar, de reconhecer os limites de tempo (o que um psicótico em surto não consegue, por exemplo) e de poder aproveitar a terapia neste menor espaço temporal.

Na indicação devem ser levados em conta alguns elementos como:

- demanda, capacidade de insight; possibilidade de mudança; motivação para mudança; possibilidade de estabelecer um foco; capacidade do casal para expressar sentimentos e para interagir com o terapeuta; força egóica de cada um dos cônjuges; flexibilidade das defesas do casal e de cada membro; idade; tempo disponível para a terapia; condições/limites da vida, por exemplo.

## Exemplo

A indicação nem sempre é simples, ou dito de outra forma, é sempre complexa. Exemplifico com um casal na faixa dos quarenta anos, com dois filhos adolescentes. O motivo da consulta foi o filho com 13 anos, que tinha falta de ar quando ia à escola e à casa dos avós.

A esposa, muito ligada em sua família de origem, sempre obedeceu aos seus pais de forma inconteste. O marido, sem forças para enfrentar a esposa, escudou-se no filho para se rebelar contra os sogros. A relação de casal estava sob o manto dos sintomas do rapaz, que ficou doente boa parte do ano letivo.

Veja que esta situação, aliás comum, coloca vários dilemas. A partir das entrevistas iniciais, a proposta de atendimento poderia se encaminhar para uma terapia de família, apenas para terapia do casal, ou terapia do filho com orientação familiar associada.

A escolha do caminho mais adequado dependeria de quê? As três possibilidades poderiam ser escolhidas, e elas dependem muito da experiência do terapeuta, das suas convicções teóricas e de como ele está mais acostumado a trabalhar. Mas, dependeria também da demanda do casal, de como evoluem as primeiras sessões, ou de como se cumprem as primeiras tarefas?

Neste caso, eram grandes as resistências do casal a qualquer aprofundamento da relação entre eles. Havia nas entrelinhas uma suspeita de que ele teria se casado por interesse; como ele trabalhava na empresa do irmão da esposa, ele não se sentia à vontade para discutir com a esposa a educação dos filhos, da qual discordava sutilmente. Por outro lado, ela muito religiosa, nem podia pensar em separação, mas demonstrava sua insatisfação com o marido, algo que os filhos captavam com facilidade.

Qual a demanda dos pacientes neste caso: análise clássica, terapia breve, individual, de casal ou de família? Nas primeiras sessões, várias intervenções foram realizadas no sentido de verificar a demanda, a capacidade de insight, a força de ego de cada um, as possibilidades de mudança, a flexibilidade das defesas e o nível das resistências do casal e de cada um, a possibilidade de escolher um foco para o trabalho, baseado nas angústias imiscuídas em suas vidas. A meu ver, eles queriam apenas que o terapeuta os ajudasse a resolver os sintomas e as atuações do filho, sem se aprofundar em nada, com receio comprometer o casamento/família.

Propor uma terapia com prazo definido, mais assustaria ou aliviaria estes pacientes? Mencionar um foco de trabalho ajudaria, ou seria melhor deixar o barco correr, sem entrar em detalhes, posto que eles estavam com receio de mexer nos problemas do casal/família?

Note que a situação se complica, dependendo do olhar que se tem para esta família. Temos questões edípicas claras no relacionamento do casal e deles com os pais/sogros/família. Também as questões anaclíticas se evidenciam; apesar das inúmeras divergências, o casal era muito reticente em se aprofundar nestes desencontros, com receio de que a relação não suportaria tais questionamentos.

Se o terapeuta considera que o trabalho com este casal/família deve seguir os desígnios de uma análise sem prazo definido, ele vai ter que respeitar as resistências dos seus membros, tomando muito cuidado com suas intervenções. Ao escolher este caminho ele vai correr o risco do casal abandonar a terapia porque "não está adiantando". Caso o terapeuta escolha atender o rapaz, corre o risco dos sintomas não melhorarem, posto que eles estão interligados às questões dos pais e da família. Se ele escolher uma terapia breve, corre o risco do casal se defender o tempo todo e nada acontecer. Então, como proceder?

Felizmente na psicanálise não se tem *o caminho correto* a seguir. No caso, o terapeuta preferiu a terapia breve com 24 sessões (além das cinco iniciais), considerando que o limite de tempo facilitaria o engajamento do casal na elaboração de suas questões ao acalmar as resistências, e que o estabelecimento de um foco poderia mostrar para o casal que a terapia não pretendia separá-los ou levá-los a caminhos perigosos e indesejados.

Os aspectos persecutórios do casal, com as suspeitas de que o casamento se sustentava apenas por interesse foram trabalhados, junto com os aspectos edípicos na relação com as gerações anteriores (pais/avós) e com o irmão/cunhado. Foram aprofundados os fortes aspectos anaclíticos, que permeavam os receios de lidar com os temas em pauta e que poderiam "forçá-los" a uma separação, um fantasma que foi devidamente convidado a circular entre eles.

Neste exemplo, o casal foi o alvo da terapia, e os sintomas do rapaz se esvaíram em menos de três meses, porque perderam o sentido dentro da dinâmica familiar. Poderia ter sido escolhida uma terapia de família? Claro que sim.

## Demanda

Nas terapias de casal, é possível escolher entre diferentes modos de intervenção. O casal pode ter a expectativa de uma *longa reflexão* sobre os seus destinos, ou apenas estar interessado em elaborar as questões relativas ao seu *momento específico*, o que pode ser realizado em algumas sessões ou em alguns meses de terapia.

Entre as famílias que têm tradição de frequentar terapeutas, a noção de que a terapia de casal demoraria um tempo prolongado já está incorporada na cultura pessoal; entre aquelas que apenas querem resolver uma questão específica, apostar em uma terapia sem prazo definido pode apenas reforçar as resistências. Nestes casos, um final previamente combinado pode facilitar o engajamento no processo terapêutico.

No primeiro semestre de 2015, encaminhei um paciente meu para terapia familiar em função dos diversos sintomas da filha mais velha do casal. Após 8 meses de terapia, com frequência semanal ou quinzenal, com a presença às vezes do casal, às vezes da família completa, às vezes apenas da filha com problemas, a dinâmica familiar se alterou a ponto dos sintomas sumirem. Os pacientes, apesar dos meus questionamentos a respeito, abandonaram a terapia após as férias de final de ano, porque estavam satisfeitos e não viam sentido em continuar a terapia. Isso acontece com muita frequência, sendo mais comum tal circunstância, do que uma terapia que se prolongue por anos e anos, a despeito das nossas considerações psicanalíticas.

Não é simples elucidar a demanda de um casal e estabelecer um objetivo comum para o tratamento. Corriqueiramente, o casal como grupo resiste à terapia; com frequência, um considera que o outro é o problemático e muitas vezes um dos cônjuges comparece às sessões apenas para provar que o outro é quem precisa de tratamento.

O terapeuta auxilia o casal a articular sua demanda, consciente e inconsciente, latente ou manifesta, colocando em palavras aquilo que não está ainda explícito. Um sério problema adicional é diferenciar a demanda individual da do casal; no casal, a demanda tem sua dimensão interativa, de cujo significado o cônjuge participa.

O casal ser capaz de reconhecer que as ações de cada um dos parceiros produzem efeitos na díade, é fator importante para gerar um sentimento de responsabilidade compartilhada, o que é um dos elementos fundamentais para a indicação de terapia.

Quando o casal entende que a terapia não se resume ao alívio de sofrimentos, e está pronto para passar do plano do sintoma ao do sentido, ou seja, pronto para buscar o sentido do conflito, da passagem ao ato, a indicação de terapia, breve ou não, é bem mais clara.

Segundo Lemaire (1998), quando o casal não tem demanda de acesso a um sentido simbólico, não deseja modificações importantes, pode-se pensar em consultas de casal, ou seja, consultas eventuais, onde não se coloca o enquadre organizado de uma psicoterapia.

Para Lemaire, em muitos destes casos, o terapeuta pode propor um trabalho de *psicoterapia breve* de 3 a 6 meses, preliminar e preparatório para uma futura terapia individual ou de casal.

Na experiência do NAPC, a fim de poder indicar com mais cuidado, nas sessões iniciais, no cumprimento das quatro tarefas, o terapeuta, a partir de suas intervenções, avalia o grau de interesse e de condições que o casal possui de acessar e de se aprofundar em seus conflitos, levando em conta o nível de suas resistências.

O que se verifica é que a maioria dos casais procura a terapia com a intenção de "resolver" os conflitos e os sintomas que motivaram a procura pela terapia, sem a pretensão de um aprofundamento demorado. Nestes casos, a terapia breve é aconselhável, pois é mais conveniente o casal terminar a terapia depois dos meses acordados, do que abandoná-la sem a anuência do terapeuta.

Quando o paciente termina a terapia breve no prazo combinado, ou interrompe o processo terapêutico com a concordância do terapeuta, fica mais fácil dele retornar à terapia, no momento em que sentir que precisa, inclusive com o mesmo terapeuta.

Em geral, os casais chegam à consulta com a proposta de: discriminar-se em relação ao outro; consertar o que está "errado"; "resolver" um sintoma; ser reconhecido em seu discurso e sentimentos; ser compreendido; organizar-se; aliviar-se de sofrimentos, ser confortado, apoiado; ser ajudado a tomar uma decisão; elaborar uma perda, um luto, uma doença; controlar seus impulsos; lidar com a agressividade do parceiro; ser auxiliado na passagem por uma crise; lidar com uma traição ou um apaixonamento por um terceiro, por exemplo.

Ao longo do processo terapêutico, os pacientes se dão conta de que seus conflitos e sintomas têm repercussões inconscientes; passam a ter acesso ao simbólico, aos mitos, às alianças, ao sentido dos sintomas, o que os leva a compreender a terapia como algo além de um simples alívio de sofrimento sem reflexão. A partir daí, é comum os pacientes voltarem para uma outra terapia depois de um tempo, com nova compreensão de seus desígnios e propostas.

Em alguns casos difíceis, a vinda à terapia pode ser em função de uma demanda de terceiros, ou então pode se dar somente pela gravidade do sintoma; em muitos destes casos, a procura pela terapia é regida pela resistência e não coloca o terapeuta no lugar do suposto saber, como por exemplo, no caso de um casal narcísico, com receio de invasão. A indicação, nestes casos, é delicada.

No casal em que predominam os mecanismos de negação e de cisão, pode ocorrer um funcionamento paradoxal, onde se por um lado o casal pretende aliviar suas angústias, por outro ataca o tratamento e o terapeuta, que pode se tornar um perseguidor. Perceber estes movimentos é fundamental para a indicação, embora nem sempre eles estejam óbvios desde as primeiras sessões.

## Indicações pontuais

Algumas indicações de psicoterapia breve se apresentam quando um limite de tempo pré-determinado se impõe. É possível se pensar em situações como:

uma viagem, mudança de cidade, uma cirurgia, um concurso ou vestibular, uma decisão inadiável (entre amante e cônjuge, entre aceitar ou recusar uma proposta de promoção ou rescisão de contrato com vantagens), uma decisão sobre negócios ou mudança de atividade, uma doença grave, a iminência da morte, por exemplo.

São situações pontuais, algumas inesperadas, circunstâncias que alteram o equilíbrio da relação do casal e da família, podendo levar a divergências, sintomas, atuações, que conduzem o casal a procurar o terapeuta.

Segundo Eiguer (1984/1991), podemos pensar em indicações para psicoterapia breve de casal, como na iminência da dissolução, com o divórcio anunciado do casal; nesse caso, ele recomenda que o trabalho seja de curta duração, pois o casal pode utilizar o enquadre para prolongar a relação. Outra, quando um dos parceiros está em análise, para evitar a instalação de uma transferência paralela àquela da análise individual, a menos que o conflito conjugal esteja comprometendo a análise pessoal. Outra ainda, quando se dá uma impossibilidade de manter um contrato de duração indeterminada, por motivo de mudança ou de trabalho. Ainda outra indicação, se dá no caso de crises agudas, como nos exemplos de "descoberta" de uma relação extraconjugal, ou após a revelação de algum segredo, por exemplo.

## Motivação

No momento da indicação, o terapeuta e sua técnica/teoria/valores/limites devem ser levados em conta, assim como todas as interferências institucionais. Quando o terapeuta não está em condições psicológicas de dar suporte a um dos membros do casal, o encaminhamento deve ser considerado.

Toda indicação é relativa, pois depende do desejo do paciente, das questões institucionais e da técnica/limites do terapeuta.

Em uma terapia breve a questão da motivação é importante. Sifneos (1972/1978), psicanalista americano, entende por motivação:

> a capacidade de reconhecer que os sintomas são de natureza psicológica; a tendência a ser introspectivo; a vontade de participar ativamente; a curiosidade para se entender; a disposição para sacrifícios em termos de tempo e dinheiro; expectativas realistas quanto aos resultados. (p. 85-90)

Nas primeiras consultas, cada membro do casal será avaliado nestes quesitos, fatores presentes para facilitar a apreensão da demanda do casal.

Deve ser lembrado que há demandas pouco duráveis, como no caso de tentativa de suicídio, acidentes, drogadição, delinquência, por exemplo, onde a mobilização é viva, porém passageira. Nestes casos, é frequente que as racionalizações rapidamente descartem a terapia.

Em relação a alguns diagnósticos, é possível se pensar que no caso de um casal ou um de seus membros estar em um estado depressivo, é comum o medo da separação levar a resistências contra a transferência. Nesta situação, é preferível não limitar o tempo logo de início (Dreyfus apud Gilliéron, 1983/1991).

Quanto aos pacientes psicossomáticos, muitas vezes há pouca possibilidade de introspecção de suas emoções. São pacientes difíceis (D. Beck apud Gilliéron, 1983/1991), e isso deve ser levado em conta no momento da indicação.

## 8.2 Objetivos

Dentre os objetivos da terapia de casal no NAPC podem ser citados: entender as razões da busca pelo auxílio terapêutico;

avaliar a demanda; compreender o conflito subjacente à demanda; captar a natureza do vínculo a partir da compreensão dos dois membros do casal em interação; investigar e interpretar as relações transferenciais com o terapeuta e colaterais a partir das relações primitivas fundadas nas histórias de vida de cada um; obter insight sobre as escolhas de objeto; fazer a análise dos mitos familiares e conjugais; fazer transparecer e circular os fantasmas do casal; elaborar as identificações projetivas, transformando projeção em compreensão, acting em pensamento e não-dito em palavras; elaborar o self conjugal; conhecer as histórias de vida e do casal/família; transitar pelas angústias do casal e de cada um, de acordo com o foco estabelecido; procurar responder à pergunta dos motivos que levam o casal a permanecer unido; enfim, estabelecer a comunicação significativa e promover a autorreflexão.

Eiguer (1984/1991) propõe alguns objetivos da terapia de casal, tais como:

1) tentar diminuir a parte do narcisismo a serviço do sadismo e da invasão, em cada companheiro em conflito, para instaurar um novo equilíbrio entre os vínculos narcísicos e libidinais, ou seja, visa reduzir as identificações projetivas utilizadas por um e por outro, transformando projeção em introjeção, *acting* manipulatório em reflexão e o não-dito em palavra.
2) O processo terapêutico procura atenuar o sofrimento, a exaustão, o desespero dos cônjuges. O conflito do casal pode evoluir para formas mais genitalizadas, como a rivalidade e os ciúmes.
3) O trabalho de *insight* sobre os organizadores inconscientes é primordial; abordar a escolha do objeto,

descobrir os objetos fundadores do casal, a história do vínculo, a organização do self-casal.

4) O tratamento apresenta um desdobramento transferencial que se torna pouco a pouco o centro da análise.
5) Outro objetivo é a análise dos mitos e das lendas familiares e conjugais.

Um dos objetivos da terapia de casal é restaurar a capacidade de individuação (*in-dwelling* de Winnicott), a capacidade de ser, (processo de subjetivação), onde suas fronteiras (de cada membro do casal) estiverem ameaçadas, e confortá-los narcisicamente. Na terapia de casal/família é este processo de subjetivação o objetivo central do trabalho (Eiguer).

Note-se que, em uma terapia de orientação psicanalítica, a preocupação com o sintoma não é preferencial porque a experiência mostra que, ao se lidarem com os conflitos subjacentes, os sintomas naturalmente se reconfiguram.

## 8.3 Profundidade

O fato de haver um foco e um limite de tempo não quer dizer quer a *psicoterapia breve* não possa ser profunda. Ela será aprofundada naquele foco ressaltado, embora outros aspectos da relação que somente o tempo poderia revelar, não serão obviamente trabalhados. É claro que a psicoterapia breve é mais limitada do que a *análise clássica* da psicanálise, em função do tempo disponível para o tratamento.

Critica-se a psicoterapia breve porque ela não seria tão *profunda* quanto uma psicoterapia de longa duração. Mas, o que seria profundo?

Como, aparentemente, o bom senso indica que uma psicoterapia com muitos anos de duração *deve* ser mais profunda do que uma terapia breve, fica implícito que a psicoterapia breve deve ser mais ligeira, mais superficial, com resultados mais modestos. Essa ideia, preconceituosa, apenas se sustenta pela dificuldade de avaliação e de comparação de resultados dos tratamentos psicanalíticos, além de ser baseada no bom senso, um mau parâmetro para garantir uma discussão *profunda*.

## Há diferentes maneiras de se entender a profundidade

Pode-se, por exemplo, considerar a sequência das fases libidinais: oral, anal, fálica e genital, sendo a fase oral mais profunda, porque mais primitiva. Pré-edípico seria mais profundo que edípico, relações primitivas com os pais seriam mais profundas que relações atuais, falar do passado seria mais profundo do que discorrer sobre assuntos da atualidade. Nesse sentido, quanto mais precoce, mais profundo.

Há quem considere que sonhos e atos falhos – manifestações do inconsciente – seriam mais profundos do que um discurso articulado. Os núcleos psicóticos da personalidade seriam mais profundos do que os neuróticos. A remodelação do sistema defensivo seria menos profunda do que um *insight*.

Aprofunda-se uma questão, quando ela é analisada sob diferentes ângulos ao longo do tempo, o que tenderia a facilitar sua compreensão e *insight*.

Em relação aos resultados, às modificações "profundas" se contraporiam, segundo Gilliéron (1983/1991) "as alterações 'superficiais', como o retorno ao equilíbrio anterior, o deslocamento sintomático, a diminuição das tensões psíquicas através da mudança para um ambiente mais tolerante, etc." (p. XXVII). Neste sentido, *insight* seria mais profundo do que o deslocamento de sintomas, retorno ao equilíbrio anterior menos profundo do que mudança de personalidade e o suporte ambiental seria pouco profundo, útil para casos graves.

## A clínica

Observa-se, então, que existem diversas possibilidades de se considerar algo mais ou menos profundo. O problema aparece quando se vai para a clínica. Será que tudo isso não estaria ocorrendo conjuntamente, ao longo do trabalho psicanalítico, independentemente do tempo de terapia?

Ao analisar algumas destas proposições, pode-se pensar que se aprofunda uma questão quando ela é analisada por diferentes ângulos ao longo do tempo, o que tende a facilitar sua compreensão e *insight*; a asserção é cabível, mas seria possível afirmar que alterações, de qualquer ordem, só podem ocorrer depois de um longo percurso de análise?

Há lógica em acreditar que apenas um tempo longo promova alterações profundas e significativas?

Por que certa modificação não pode ocorrer, dadas circunstâncias específicas, em apenas uma sessão, ou após alguns meses de psicoterapia, ou até em função de um acontecimento ímpar na vida de uma pessoa?

Será que a elaboração e a perlaboração terminam quando a psicoterapia acaba? Por que alguns psicanalistas não acreditam que seus pacientes serão capazes de continuar, sozinhos, o trabalho que se inicia dentro do consultório?

Enfim, a psicoterapia breve tem sempre de lidar com preconceitos: a questão da profundidade, do tempo e do foco são apenas alguns deles.

## 8.4 Planejamento

A psicanálise pode ser observada sob a ótica da *investigação*. Segundo Fédida (1988), a análise como investigação permanece dentro da metáfora e da ficção, enquanto o pragmatismo terapêutico (prática liberal do terapeuta) empurra a terapia para uma concepção próxima à terapia do ego, exigindo planejamento, critérios de alta e resultados. Para Fédida, a psicanálise deveria ser investigativa e não psicoterapêutica.

Em todo caso, quando a psicanálise tem este viés terapêutico, isto implica em estar mais próxima de um planejamento, com objetivos, resultados, mesmo que muito diferentes das concepções comportamentais e cognitivas.

Não que não haja projeto de atendimento no tratamento padrão da psicanálise; até o fato de se instituir, mesmo que não explicitamente, um tempo ilimitado, já é uma programação. A proposta de utilizar ou não o divã, de interpretar a transferência, de respeitar a regra da abstinência, de usar as associações livres, etc, são itens que pertencem a um plano, a um projeto. Pelo fato de que o tempo de uma terapia é ilimitado, fica parecendo que um planejamento prévio não existe, o que, de fato, não ocorre.

O limite de tempo modifica a relação terapeuta-paciente e altera o processo psicoterápico. Em função disto, faz-se necessária uma planificação diferente da de outros enquadres.

Na psicoterapia breve, a programação inclui alguns parâmetros, tais como o limite de tempo da terapia, sua focalização em torno de uma problemática central ligada à queixa e à demanda, a consideração das possibilidades do casal, do terapeuta e da instituição na qual se dará o atendimento, para a viabilização da proposta no tempo estipulado.

## Sistêmicos

A título de comparação, vale ressaltar que os autores da psicanálise têm mais dificuldade em assumir o planejamento, o que não ocorre entre os sistêmicos.

Podemos pensar que um plano de tratamento se desenvolve a partir de três pilares de informação: a *definição* do problema, o que deve ser feito para *resolver* o problema, e a definição do *objetivo* mais simples a ser cumprido.

Em relação às questões relativas à definição do problema, temos: qual o problema que o trouxe aqui hoje? De que forma isto é um problema? Por que você procurou tratamento agora e não antes ou depois? O que você faz hoje que não quer mais continuar fazendo? (Weakland; Watzlawick; Fisch; Bodin, 1974, p. 152); o que você gostaria de fazer, e que seu problema atrapalha para fazer agora? (Frisch; Weakland; Segal, 1982).

Em relação aos objetivos:

> [...] os objetivos devem ser estabelecidos em termos específicos, concretos, comportamentais, observáveis e realísticos. Qual mudança comportamental, mesmo sutil, poderia mostrar que algum progresso foi feito em relação ao seu problema? Qual a menor diferença que você esperaria ver como resultado da terapia? (Weakland; Watzlawick; Fisch; Bodin, 1974, p. 152).

## 8.5 Resultados / Alta?

A alta na análise clássica é discutida com o paciente, enquanto o término de uma psicoterapia breve é combinado no início.

Se ela é analisada junto com o paciente, quais seriam os critérios utilizados pelos analistas para dar, ou não, a alta?

A questão da alta na psicoterapia breve e nas psicoterapias em geral está envolta em preconceitos e critérios pouco claros.

Alta implica em resultados, em planejamento, em indicação, em objetivos e na interligação destes.

Quando um psicanalista aceita, ou não, um pedido de alta de seu paciente, ele está levando em conta alguns critérios que fazem parte de um planejamento. Embora os psicanalistas nem sempre deixem claro quais são os critérios que utilizam para dar alta a seus pacientes, alguns parâmetros são inegavelmente utilizados, de forma clara ou sub-reptícia.

O problema é que a maioria dos critérios para alta é subjetivo, ideológico ou moral, tais como:

- própria avaliação do paciente; maior autonomia do paciente; maior capacidade de insight e de autorreflexão; ampliação de visão do mundo; maior tolerância a frustrações; fortalecimento do ego; maior flexibilidade; melhor e maior criatividade e espontaneidade (autenticidade); discriminação maior eu/não eu; sexualidade satisfatória; melhor capacidade para lidar com separação / vínculos; apropriação da agressividade construtiva; capacidade produtiva satisfatória; superação da crise, por exemplo.

Para Freud (1937/1969), temos: tornar consciente o inconsciente a ponto de não se temer a repetição do processo patológico; superar sintomas, ansiedades e inibições;

estabilidade em normalidade psíquica; capacidade de amar e trabalhar.

Do ponto de vista do paciente, ao final da terapia ele se sente melhor, vive melhor, sabe que se modificou e as pessoas assim o confirmam, tem mais autonomia, aliviou-se dos sintomas, tem visão de mundo ampliada, melhor tolerância a frustrações, tem seu ego fortalecido, está menos impulsivo, tem maior flexibilidade das defesas, maior criatividade, está mais espontâneo, com melhor discriminação eu/não eu, mais produtivo, superou sua crise. Tudo isso pode satisfazer o paciente ou o terapeuta, mas são critérios subjetivos, ideológicos ou morais, e não clínico-científicos.

Em uma psicoterapia breve estes critérios não se colocam, em função do término combinado com o paciente, desde o início da terapia.

## 8.6 Término da terapia

Na psicoterapia breve com tempo determinado, a questão da alta é atravessada pelo prazo previsto no início do tratamento. O término combinado de antemão evita as dificuldades relacionadas a quais critérios levar em conta na hora da alta, que estará decidida pelo par terapeuta/casal independentemente dos "resultados".

O terapeuta que trabalha com a psicoterapia breve confia que seu trabalho com os pacientes não termina com o fim do processo terapêutico, mas se estende ao longo do tempo, pois acredita que o casal pode continuar a aprender sozinho a lidar com as surpresas da vida, a partir do que foi analisado durante a psicoterapia. A análise não se restringe aos 75 minutos da sessão com o casal; os estímulos vivenciados na relação terapêutica permanecem ao longo da vida.

O terapeuta deve abrir mão de seu narcisismo ao propor a realização de uma psicoterapia breve, caso contrário seu desejo de perfeição estará comprometendo o término do processo terapêutico.

O paciente se ressente do término da psicoterapia, mas a separação também é complicada para o terapeuta. O paciente que vai bem gratifica seu analista, e o luto pela separação pode provocar profundos sentimentos de perda no terapeuta, que se sente desvalorizado com a intenção do paciente de ir embora, e passa a trabalhar, sem perceber, no sentido de desconsiderar a melhora de seu paciente. Dependência não acontece apenas por parte do casal, pois romper vínculos é sofrimento para qualquer ser humano.

## Separação

Em função de sua fragilidade física, o ser humano teme, justificadamente, estar sozinho. A separação implica sentimentos intensos pelo reviver de um processo que sempre é sutil e complicado em suas origens, a partir de um bebê (depois criança e adulto) que precisa encarar o mundo com suas próprias habilidades, sem estar ainda plenamente preparado para tanto.

Terminar um relacionamento amoroso qualquer é complicado, deixar a casa paterna, a morte, mudar de cidade ou país, qualquer separação, afinal, implica em sentimentos intensos. Há pacientes, por exemplo, que sentirão a separação como abandono; outros como castração a partir de um limite não-desejado naquele momento, embora tenha sido combinado anteriormente; para outros, a separação pode ser um fator de desorganização interna por não se sentirem preparados para um fato novo que supõem não saber enfrentar.

Bowlby (1960) enfatizou a questão da alta, apontando que tende a originar no paciente quatro conflitos básicos: independência/dependência; atividade/passividade; autoestima adequada/perda da autoestima; e luto não-resolvido ou postergado.

Cabe recordar que alguns pacientes encaram o término da terapia com alívio, ou como oportunidade de crescimento, ou como possibilidade de experimentar novos rumos, ou como desafio propulsor, em suma, não obrigatoriamente como um fim que deva trazer sofrimento.

Muitas vezes, diante de um paciente que considera bom o encerramento da terapia, o analista passa a desconfiar e encarar a reação do paciente como resistência ao luto, não reconhecendo seu direito de se sentir bem com a separação anunciada. Nesse momento, cabe ao terapeuta cuidar de seu narcisismo, pois não é impossível alguém ficar satisfeito de não mais se encontrar com ele, e mesmo assim estar de posse de sua sanidade mental. Pelo contrário, muitas vezes isto é sinal de sucesso terapêutico.

## Freud

Freud (1937/1969), em *Análise terminável e interminável*, aponta que o "término de uma análise" acontece quando o paciente deixa de sofrer seus sintomas, superando suas ansiedades e inibições; também quando o analista julga que "foi tornado consciente tanto material reprimido, que foi explicada tanta coisa inteligível, que foram vencidas tantas resistências internas, que não há necessidade de temer uma repetição do processo patológico em apreço" (p. 251).

Observe-se, nesta frase de Freud, que a "alta" ocorre em função da superação dos sintomas e do processo patológico.

Recorde-se que, para a psicanálise, a superação dos sintomas e da ansiedade são considerados maus critérios, porque a psicoterapia comportamental também o consegue, mesmo sem entender o conflito subjacente.

Por outro lado, não há parâmetro confiável para medir quando se deveria parar de temer "a repetição do processo patológico", ficando isso na dependência da teoria, da experiência e das idiossincrasias do analista em questão.

As questões relativas ao término de uma terapia são complicadas. Uma das vantagens de estabelecer um final, combinado logo de início, é escapar das questões delicadas referentes à alta.

# 9 Apêndice

## 9.1 Quatro tarefas

Um dos pressupostos do NAPC é a possibilidade, dentro do vértice psicanalítico, de propor enquadres diferentes, na dependência da demanda de cada casal. Para que isso seja possível, faz-se necessária uma avaliação de cada caso antes do início da psicoterapia, partindo do princípio de que não há apenas uma forma "correta" e pré-definida de se trabalhar.

O médico, quando consultado pela primeira vez, está preocupado em realizar um diagnóstico e oferecer a medicação adequada. Na entrevista psicológica, muitas vezes a primeira ou as primeiras entrevistas são utilizadas para coleta de dados do paciente, como em uma anamnese; no esquema das quatro tarefas, a proposta é outra.

São quatro as tarefas: (1) formular uma intervenção inicial; (2) reconhecer qual o tipo e a gravidade da crise; (3) distinguir o foco; e (4) decidir a indicação.

Muitos profissionais da área "psi", acostumados com a noção de que a psicoterapia é um processo longo, ficam tranquilos quando nada de significativo ocorre na primeira sessão. Em dois artigos, *O jogo do rabisco* (1968) e *O valor da consulta terapêutica* (1965), Winnicott deixa claro seu ponto de vista a respeito da importância da(s) primeira(s) sessão(ões).

Ao apenas escutar o casal na primeira entrevista, está implícita a crença de que ele retornará, o que não é garantido, até porque ele pode ter saído frustrado por nada ter ouvido de significativo.

A sequência de quatro tarefas é estabelecida de forma didática. É claro que a avaliação da demanda ou da capacidade de *insight*, por exemplo, estará em tela todo o tempo. Qual a crise do casal é algo que algumas vezes já é possível estabelecer logo de início. O foco pode ficar claro de imediato, ou pode se esclarecer (ou não) apenas nas sessões seguintes, e assim por diante.

O esquema proposto apenas visa evitar esquecimentos de alguns pontos considerados fundamentais. Qualquer proposta, teórica ou técnica, pode ser transformada em um manual restritivo da criatividade do terapeuta, ou pode ser utilizada de maneira a ampliar e possibilitar.

O objetivo maior do contato inicial, como em qualquer contexto psicoterápico, é estabelecer um encontro significativo; buscando uma comunicação significativa com seu paciente, ficam abertas as portas para uma possível continuidade do processo psicoterápico.

## Primeira tarefa

Em relação à primeira tarefa, a proposta se inclina para a emissão de uma intervenção verbal pertinente, baseada na queixa, na demanda e nas angústias do casal. A intervenção estará permeada pela escuta do motivo da consulta e pela avaliação inicial das personalidades dos cônjuges. Os primeiros movimentos dos pacientes e do casal, sua primeira fala significativa e a reação emocional do terapeuta, permitem formar um conjunto de dados que viabilizam a intervenção inicial.

Com a experiência, é possível compreender o casal logo de início. A vantagem está em poder, já no primeiro contato, entabular um diálogo proveitoso. Dizendo aos pacientes o que percebeu, o terapeuta abre a possibilidade do debate a respeito das razões da procura de ajuda, tornando possível uma sessão, na acepção da palavra, e não apenas uma entrevista inicial para "conhecimento" mútuo.

Obviamente, quando não se tem o que dizer, é melhor calar. Mas elaborar uma intervenção pertinente, logo no primeiro contato, apenas beneficia o paciente. Ao se sentir compreendido, o casal tende a retornar com mais frequência do que quando fala e nada escuta do seu terapeuta.

O objetivo inicial será compreender a razão da consulta e oferecer ao casal uma intervenção adequada em resposta a esta demanda, respeitando sua queixa e seus sintomas. A intervenção inicial leva em conta a angústia que originou a procura por ajuda.

As angústias do casal, compreendidas logo de início, estão ligadas a características de suas personalidades e a focalização do trabalho a ser realizado levará em conta essa formulação.

O estilo de uma pessoa, composto em uma específica construção estética de *self*, alberga um tipo de personalidade associado a uma biografia única. Em outras palavras, cada ser humano, com seu tipo de personalidade, é atravessado por uma história de vida particular, compondo um espaço de vir a ser que oferece ao mundo um estilo singular, captado pelos outros por meio dos sentidos e da palavra e pelo modo como o sujeito transita e modifica o ambiente que habita.

O terapeuta capta o estilo de seu paciente logo de início. Seu *jeitão*, seu modo de ser, *espalha-se* pela sala de espera e pela sala de consulta.

A ideia é que o ser humano, sob o impacto do primeiro contato com alguém, se encontra em um momento privilegiado para se expor, até além do que gostaria ou pretenderia. O estilo da pessoa – captado não apenas pelas suas palavras, mas também pela sua apresentação e pela reação emocional do terapeuta – é um componente nada desprezível de uma avaliação em um primeiro contato, lembrando que podemos nos enganar sempre, e que essa avaliação inicial estará sujeita a refutações e confirmações.

Nos momentos iniciais do primeiro encontro, a reação emocional do terapeuta está menos contaminada pelas palavras dos pacientes. É claro que, em geral, a intenção do casal não é confundir seu terapeuta, mas isso pode ocorrer (mesmo que não se perceba) com o uso de palavras que não apenas esclarecem, mas também podem tender a dissimular.

Para compreender os pacientes, a ênfase estará colocada em três procedimentos: apresentação do casal, sua primeira fala e a resposta emocional do terapeuta.

## Apresentação

Em geral presta-se pouca atenção aos primeiros movimentos do paciente. Numa supervisão, é mais comum o aluno iniciar contando a história do casal. Quando sugiro começar *pelo início*, é frequente o supervisionando lembrar das primeiras falas dos pacientes, ou do momento em que eles entraram na sala. Mas, o início começa antes.

O primeiro contato com o futuro casal se dá na hora da indicação. Faz diferença se o encaminhamento partiu de um colega, da internet, de um amigo, de um atual ou ex-paciente, de um aluno ou de um professor. O modo como vamos encarar esse novo casal, com mais ou menos expectativas, também varia segundo quem o indicou.

O casal se relaciona em diversos níveis, incluindo o verbal e o não-verbal. A união do casal, o vínculo, se configura a partir de experiências relativas aos registros originário, primário e secundário. O vínculo do casal se constrói enquanto discurso e como experiência, através de fenômenos estéticos nem sempre passíveis de decodificação.

O vínculo do casal é constituído de palavras, (aí incluídas a entonação da voz, com sua melodia e suas pausas), do não verbal como a postura corporal, os olhares e os gestos, por exemplo, mas também deste universo do inefável, de trocas que são experimentadas na relação e que não são passíveis de serem decodificadas, apenas intuídas.

Alguns destes fenômenos só podem ser captados através da intuição. A intuição pode ser entendida como a capacidade de uma pessoa de apreender e compreender os símbolos de *self*, símbolos estéticos que se organizam na sensorialidade; trata-se de uma leitura que é feita a partir da corporeidade da pessoa que apreende os símbolos de *self* (Safra, 2005).

Para a compreensão do vínculo, a noção do outro como presença, como pessoa real se impõe; então, os conceitos de *espaço potencial* de Winnicott, de presença, de pictograma e do registro originário, assim como a ideia de *rêverie*, nos auxiliam para aceder ao universo das trocas apenas intuídas que ocorrem na díade amorosa.

Para os pacientes, a transferência inicia-se mesmo antes de conhecer seu futuro analista e está ligada ao que conhece a respeito dele, e também a quem o encaminhou. Quando a consulta ocorre em um serviço público (ou particular, como o Sedes), a transferência dá-se com a instituição, a partir do que se conhece dela e de quem a indicou.

O paciente telefona. Caso deseje uma consulta urgente, ou para dali a duas semanas, se liga e quer falar com o terapeuta, ou apenas marca o horário com a secretária, se chama insistentemente, ou deixa (ou nem deixa, ou deixa errado) o número do telefone e não atende, ou liga dias depois – eis alguns indícios que devem ser levados em conta.

Mesmo que se esteja em um serviço público ou numa clínica particular, em que a secretária marca a consulta, é possível saber de alguns detalhes desses primeiros movimentos. Quando ocorre algo que realmente chama a atenção, a secretária acaba falando, mesmo sem ser solicitada. Caso se crie o hábito de perguntar, o grupo da *Secretaria* fornecerá, com detalhes, várias informações importantes.

O modo como o paciente se comunica ao telefone, seu tom de voz, o número de informações que ele solicita (alguns querem saber o preço da consulta, se cobra ou não a primeira, a formação do terapeuta, linha de trabalho, por exemplo), complicações ou facilidades para marcar o horário, se fica puxando conversa e já quer iniciar a consulta ao telefone, se é direto e objetivo, são dados que auxiliam a montar um quadro psicológico do paciente, a ser confirmado (ou refutado) posteriormente.

Muito antes de o casal entrar na sala de consultas, outras ocorrências se dão. Tem paciente, por exemplo, que falta, desmarca e remarca a consulta mais de uma vez, chega atrasado, chega em cima da hora, chega muito antes.

Na hora em que chegam, podem se *fazer presentes* ou serem discretos, entrarem com vários objetos, falarem com todos, ficarem calados, arrumarem alguma confusão. Em geral, não presenciamos essa hora da chegada, mas ficamos sabendo se algo de significativo ocorreu, porque alguém vai contar.

Enfim, chega o momento de conhecê-los. Lembrando que já existem várias informações a respeito deles, não é com um olhar ingênuo que examinamos o casal pela primeira vez.

O casal está na sala de espera. Podem estar sentados ou em pé, calados ou conversando, andando, alguém saiu para ir ao banheiro e é você que tem de esperá-lo, podem estar atentos à chegada do terapeuta ou absortos com alguma revista ou conversa, podem estar falando ao celular, podem demorar para se levantar, podem cumprimentar com um sorriso ou zangados, podem parecer arrogantes ou humildes, podem parecer constrangidos, à vontade, podem ficar em pé esperando, podem tomar a iniciativa, podem iniciar uma conversa ou entrar calados, por exemplo.

A maneira como eles estão vestidos também interessa. Um ou outro membro do casal pode estar mais ou menos formal, clássico, jovem, cores discretas ou aberrantes, confortável ou apertado, engomado, com estilo próprio que lhe cai bem, na moda demais, arrumadinho, bizarro, etc.

Pode se notar, então, quanta coisa acontece antes mesmo da saudação inicial. O aperto de mão fornece informações que, aliadas ao conjunto, auxiliam a formar um quadro psicológico do casal. Amassar a mão do terapeuta, a mão mole e sem aperto, a mão suada ou fria demais, não dar a mão, beijar no rosto ou parecer que beija; tem gente que pula em cima e rouba um beijo, tem quem cumprimente timidamente olhando para o lado, ou olha nos olhos (de forma carinhosa ou desafiadora, por exemplo). Abraços são raros, tem quem entra na sala e nem cumprimenta, tem de tudo um pouco, cabe prestar atenção.

Tais detalhes fornecem informações interessantes que formam um conjunto a ser avaliado globalmente. A graça e a dificuldade do trabalho com pacientes residem em observar que a mesma atitude pode albergar significados díspares em pacientes com estilos diferentes.

O terapeuta tem sua maneira habitual, mais ou menos formal, de cumprimentar seus pacientes. É interessante ficar atento ao que se passa conosco nessa hora. Podemos estar mais ou menos à vontade, cumprimentarmos de uma forma a que não estamos acostumados, sermos induzidos a tomar alguma atitude pouco usual, ou tudo se passar da forma habitual. Cabe prestar atenção aos movimentos do paciente e também ao que estamos sentindo e fazendo.

Eu deixo o casal entrar primeiro e fico observando o que ele faz por alguns segundos, enquanto fecho as portas da sala. Nesse momento, cada membro do casal pode ficar esperando indicação de onde sentar ou já escolher seu canto, ou sentar na minha poltrona (e então eu peço para ele mudar de lugar), pode ficar olhando perdido para o ambiente novo, ou nem olhar para o que existe ao seu redor, pode estar calado ou falando, pode estar me olhando ou não, pode demorar para se sentar, pode estar carregado de coisas e não saber (ou saber) o que fazer com elas.

É interessante estar atento ao clima emocional do momento, se está tenso ou não, se estamos à vontade, querendo ajudar ou organizar, se nos sentimos invadidos, observados, avaliados, competindo, etc.

Enfim, o casal sentou-se e vai falar (ou não). Quanta coisa aconteceu antes que ele comece a falar do motivo que o levou até ali! Quanta informação se perde, caso não se esteja atento aos detalhes de tudo o que aconteceu antes da primeira fala do paciente na sala de consulta. Tais detalhes fornecem informações que, aliadas à primeira fala do casal e ao que o analista está sentindo, compõem o *clima* da sessão e formam um conjunto de dados que propiciam uma avaliação inicial mais detalhada.

## Primeira fala significativa do casal

A primeira fala significativa do casal pode ocorrer, por exemplo, ao telefone, no primeiro contato, na sala de espera, ou na sala de consultas. Às vezes ela se dá na indicação da terapia, com a secretária ou no caminho até a sala de atendimento.

Não há como definir, *a priori*, a primeira fala significativa. A psicoterapia é um procedimento que depende do terapeuta. Mesmo quem trabalha com parâmetros supostamente fixos está sujeito às idiossincrasias da avaliação humana, mesmo que não tenha consciência delas. Terapeutas diversos podem escolher primeiras falas significativas diferentes; isso ocorre também na medicina, na psiquiatria, na física, por que não pode ocorrer nas psicoterapias?

Como existe mais de uma possibilidade de falas significativas, e todas elas são importantes, cabe lembrar que provavelmente essa primeira fala significativa voltará a estar em pauta, com outros contornos, em vários momentos posteriores, porque a repetição é comum ao ser humano, como Freud nos lembrou mais de uma vez.

É interessante proporcionar ao casal uma compreensão do motivo da consulta logo de início. Mesmo sabendo que as falas significativas se repetem ao longo de uma análise ou de uma sessão, a vantagem de captá-las rapidamente não se dá por força de um possível concurso de velocidade, mas pela simples razão de que o paciente se beneficiará se for compreendido o mais breve possível.

Supõe-se que o casal esteja aflito, pois, do contrário, não procuraria atendimento. Parece vantajoso para ele poder escutar de seu terapeuta uma palavra com a qual ele concorde e se sinta acolhido. Para alcançar este objetivo, a primeira fala significativa junta-se aos primeiros movimentos (*apresentação*) e à reação emocional do terapeuta.

## Reação emocional do terapeuta

Na esteira do pensamento de Ferenczi e Winnicott, a pessoa real do analista é de importância fundamental. O contexto de uma sessão é forjado tanto pelo paciente como pelo terapeuta. Os dois formam um conjunto único que pode ser chamado *par analítico*. Um terceiro elemento, um campo, é criado pelo par, e é nesse campo que as trocas, verbais ou não, ocorrem.

Winnicott (1951) denominou espaço potencial esse *lugar* em que as trocas acontecem e onde pode ocorrer a comunicação significativa, que se manifesta por meio da *mutualidade na experiência*. Thomas Ogden (1996) chamou de *terceiro analítico* o espaço potencial que ocorre na sessão.

Segundo esta concepção, não se trata de um terapeuta na posição de mero observador, analisando o seu casal, mas de um grupo que forma um conjunto diferente de qualquer outro. O vínculo é forjado a partir destes dois elementos com lugares e funções diferentes, um na posição de analista e outros na posição de pacientes, com tudo o que isso significa, cada um carregando seu mundo interno, e todos dois implicados igualmente no processo de análise de um deles, o casal.

Como o analista participa do processo como pessoa real, com fantasias, desejos, limitações, conhecimento teórico, história de vida, sofrimentos e experiências únicas, esse encontro adquire contornos de singularidade, ou seja, nenhuma sessão é igual a outra e não há dois analistas iguais.

Ferenczi abriu as portas para se pensar na contratransferência. Seu conceito de introjeção refere-se às trocas entre duas pessoas interagindo. Suas ideias desembocaram na teoria kleiniana da relação objetal, na qual dois mundos internos trocam projeções e introjeções.

Winnicott (1951) foi além e forjou o conceito de espaço potencial, lugar de interação entre duas pessoas reais. A partir da noção de que a mãe real interfere e constitui seu bebê, Winnicott chamou a atenção para o ambiente e sua influência na constituição do ser humano.

A reação emocional do terapeuta como instrumento de análise pode parecer arriscada, subjetiva e não-científica. O que Ferenczi e Winnicott nos alertaram, no entanto, é a inevitabilidade desta condição.

Em função do exposto, cabe considerar importante o que o analista está sentindo com o casal, naquele momento considerado, em função do vínculo construído. Daí a reação emocional do terapeuta ser um elemento fundamental na compreensão do paciente. O fato de cada analista ser único e cada par analítico albergar sua singularidade não quer dizer que não se possa utilizar o que se passa em cada sessão como material de reflexão para compreender outros pacientes.

Embora a particularidade de cada análise deva ser resguardada, nós humanos temos sentimentos que, em geral, são compartilháveis, caso contrário seria impossível a teoria sobre nós mesmos, a psicoterapia, e até a vida em comum.

O terapeuta pode sentir, na sessão:

- rivalidade, proteção (apoio), agressividade, reasseguramento, distanciamento, rejeição, autoproteção, desorganização, estranhamento, irritação, competição, querer organizar a situação, curiosidade, por exemplo (Gilliéron, 1991: comunicação pessoal).

Cabe lembrar que se trata do que o terapeuta está sentindo e não de suas impressões a respeito do cliente. Nas supervisões, diante da pergunta sobre o que sentiu, é comum o supervisionando dizer: "Senti que o paciente estava triste", ou "senti que ele não falava coisa com coisa", respostas que se referem ao paciente. Nem sempre é fácil saber o que sentimos em cada situação. Muitas vezes é preciso um esforço para entender o que se passou.

## Segunda tarefa

Em geral, é aconselhável começar qualquer sessão escutando o que o casal tem a dizer. Caso haja uma segunda sessão, vale a pena perguntar como foi a primeira, como eles se sentiram, o que pensaram e o que acharam de ter vindo. O interesse dessas perguntas está em avaliar se o casal refletiu sobre o que foi dito. Se ele esqueceu tudo, se traz alguma questão, se discorda ou acrescenta, são dados úteis para avaliar o grau de comprometimento com seus problemas, sua capacidade de *insight*, etc.

A segunda tarefa consiste em verificar qual é a crise que o casal atravessa, se está em crise, ou não.

A crise pode ser identificada mediante perguntas dirigidas ao casal, indagando sobre aspectos de sua existência, tais como perspectivas de vida, sentido da existência, pretensões quanto ao futuro.

Além destas perguntas, a vida do casal pode ser apreendida como espaço de experiência, como campo de aparecimento do gesto da díade. O clima, o ambiente criado pelo grupo, pode ser sentido, intuído, e faz parte da vida do casal ou da família. Neste sentido, os livros, as músicas, os objetos, o interior da casa, os amigos e inimigos do casal, a rotina, os rituais, por exemplo, fornecem indícios do grupo-casal, do *self* conjugal.

A crise pode ser avaliada de diversas maneiras:

- as crises de passagem, tanto individuais como situações de casal e de família, como o (parto) nascimento do primeiro filho, o desmame, o ingresso na escola (crise edípica), a adolescência do primogênito, a saída de casa do primeiro filho, a crise da meia idade (quarenta, ou cinquenta anos?), a aposentadoria, a decrepitude e a morte de um dos cônjuges. Basta lembrar que a entrada na adolescência do primeiro filho (e adolescentes são difíceis!) se compõe com um casamento com vários anos de convivência, e com pais em crise de meia idade; fácil, né!;
- as crises traumáticas, incluídas aí as doenças, acidentes, violências, abusos, assédios, mudanças de cidade ou país, mortes de pais e parentes, lembrando que o que é traumático para um não é para o outro, mesmo entre os cônjuges;
- as crises de identidade, compondo situações como "não quero mais ser assim!", o que implica no reconhecimento de um modo de ser que não mais faz

sentido, do ponto de vista psicológico. Imagine que, se o marido é muito orgulhoso, vaidoso e competitivo e passa a questionar seu modo de ser, como fica a esposa que sempre conviveu com ele assim e se beneficiou psicologicamente ou financeiramente deste modo de ser dele? Muitos casais procuram a terapia porque estão "cansados" da convivência diária, o que frequentemente implica neste tipo de crise, onde um ou os dois membros da díade questionam o modo de ser do outro ou de si mesmo;

- e outra crise entendida como ruptura de sentido de vida (quem sou eu, para que existo?). São crises complicadas e profundas, onde nem sempre o cônjuge está em condições afetivas e psicológicas de acompanhar seu parceiro na sofrida jornada de se reinventar.

Outras vezes, o casal está *à beira de uma crise*, com sofrimento e sintomas, mas ainda com duas possibilidades: de retornar ao equilíbrio anterior, ou entrar em crise propriamente dita.

Cabe lembrar que, se toda crise implica em sofrimento e ruptura, ela também abre novas possibilidades; a novidade assusta, mas propõe mudanças instigantes. Sabe-se, no entanto, que nem todos a suportam; alguns casais retornam a um equilíbrio conhecido, mesmo que instável e provisório, por não suportarem as alternativas que uma crise implica.

Estas várias situações levantam questões interessantes para o casal, e entram como fator importante para a indicação de uma terapia breve, ou sem tempo de término. Pode-se pensar que, quanto mais complexa a crise, mais longa poderá ter a psicoterapia breve.

## Terceira tarefa

A terceira tarefa volta-se para a composição do foco, ligado à angústia, à queixa e aos sintomas. O foco do trabalho deve auxiliar o casal a entender o que se passa e facilitar seu *insight*, possibilitando a reflexão sobre si mesmo, resultando em melhor compreensão a respeito de seu problema atual. Essa tarefa está esmiuçada no item *focalização*, no capítulo sobre o NAPC.

## Quarta tarefa

A quarta tarefa consiste em decidir a continuidade do processo de atendimento. Pode ser uma psicoterapia breve, ou de apoio, ou longa, ou pode simplesmente terminar com a realização das quatro tarefas.

Para a indicação ser possível, alguns critérios são utilizados: a crise, a possibilidade de atravessá-la, a possibilidade de focalização e a demanda de análise. Baseado nestes itens é possível propor ao casal a continuidade, ou não, da terapia. No item *Indicação*, o tema é aprofundado.

## Limites e possibilidades das quatro tarefas

Concluídas as quatro tarefas, supostamente, o casal deveria ter melhor noção do que se passa com ele, qual é a sua crise, já teria discutido seu conflito atual, tanto na relação com o analista como em suas relações primitivas, já teria consciência se tem ou não demanda para mudar ou apenas deseja retornar ao equilíbrio anterior, por exemplo.

Após as sessões iniciais, a proposta é que o casal seja capaz de compreender o motivo da consulta, entenda a razão de seus sintomas e decida se deseja ou não empreender, com aquele analista específico, uma terapia longa, breve, ou se pretende parar o atendimento, baseado em dados mais objetivos do que simplesmente aceitar a autoridade do terapeuta.

As quatro tarefas, da forma como foram aqui apresentadas, oferecem um norte. São tarefas a cumprir: a intervenção inicial (e o estabelecimento da demanda), o reconhecimento da crise (e a compreensão da biografia e do estilo de vida), o estabelecimento do foco, a indicação da continuidade. Todo esse procedimento está atravessado pela importância de estabelecer um encontro humano que permita a comunicação.

O esquema de quatro tarefas pode sugerir rigidez. Se por um lado, essa proposição torna didático o procedimento, por outro, pode também limitá-lo. A experiência mostra que nem sempre é possível cumprir com processos preestabelecidos e que eles muitas vezes limitam, atrapalhando a singularidade de cada sessão. O ideal seria poder observar cada consulta como se fosse única e receber cada paciente sem conceitos prévios. Isso não é possível, porque sempre temos a teoria e a experiência a nos envolver – e, talvez, obnubilar. O desejável seria poder afastar o máximo possível de preconceitos para poder escutar e estar com o casal da maneira mais singular possível.

O que fazer então? Esse tênue jogo que cobre o espaço entre a facilitação e a obliteração do encontro, com base em um procedimento previamente concebido, só pode ser suavizado a partir da prática clínica e da supervisão continuada.

No fundo, pouco importam as quatro tarefas para o analista experiente, pois ele conseguirá obter as informações que deseja e necessita para compreender seu casal, independentemente de um roteiro a seguir.

Termina-se no mesmo ponto: a singularidade. Se ela for desrespeitada, não haverá comunicação. Mas se o olhar nunca é ingênuo, a singularidade pode ocorrer a partir de procedimentos, de enquadres. O enquadre da psicanálise, do plantão, do psicodrama, das quatro tarefas, etc., limitam e possibilitam ao mesmo tempo. Caberá ao analista desenvolver um olhar e uma escuta, dentro dos limites do enquadre, e navegar entre o que limita e o que possibilita o encontro.

Embora façam parte de um enquadre diferente daquele da análise clássica, as quatro tarefas em nada alteram o vértice psicanalítico, porque continuam respeitando seus fundamentos como a associação livre, a investigação/interpretação transferencial/ contratransferencial, as regras da abstinência e da neutralidade, ligados a uma teoria psicanalítica, visando à comunicação que ocorre em um encontro humano.

## 9.2 Exemplo sobre os tipos psicológicos na terapia de casal

Ao longo dos anos de trabalho do NAPC, notamos que as queixas mais comuns que trazem os casais à consulta giram em torno de desentendimentos entre questões relativas às angústias de separação em conflito com a de fragmentação.

Exemplificando, a pessoa envolvida com a angústia de fragmentação precisa de seu espaço pessoal preservado e se distancia afetivamente de seu parceiro para manter sua coesão interna. O parceiro que precisa da proximidade do outro em função de sua angústia de separação, entende a reação do outro como falta de amor; daí, se estabelece um círculo vicioso em torno do qual muitos casais procuram a terapia:

quanto mais um precisa da atenção do parceiro, entendida como demonstração de amor, mais o cônjuge reage se afastando, pois sente seu espaço interno ameaçado de invasão.

Esse exemplo se inclina para salientar a importância de se compreender a interação de um casal a partir do reconhecimento dos tipos psicológicos de cada um deles. A compreensão do funcionamento dos tipos psicológicos facilita a elaboração da maneira como ocorrem as trocas afetivas e cognitivas por parte do casal.

Telefonou a esposa e disse precisar de terapia de casal porque ela e o marido passavam por um momento difícil. Mencionou ter sido indicada por uma amiga. A consulta foi marcada para a semana seguinte.

Os dois compareceram no horário combinado. Ele, com 38 anos, alto e magro, vestido com pouco cuidado. Ela, 30 anos, vestida com ares de adolescente, inserida na moda de forma displicente e sem exageros. Estão casados há sete anos; duas filhas de dois e quatro anos completam a família.

O cumprimento inicial foi amistoso, sem ser efusivo ou distante. Entraram na sala de atendimento, olharam ao redor durante uns segundos e se localizaram rapidamente, escolhendo as duas óbvias poltronas destinadas ao casal, diferentes da minha, localizada junto ao divã. Ela, antes de se sentar, ainda perguntou se era aquela a poltrona que deveria ocupar.

Em seguida, ela informou que foi a amiga, que já fizera terapia de casal comigo quem havia indicado meu nome, o que já havia mencionado ao telefone. Fez-se um pequeno silêncio. Pouco depois, ela se dirigiu ao marido, dizendo: "foi você quem começou a confusão, então você conta o que aconteceu".

Ele foi direto ao ponto, dizendo que havia traído a esposa, cinco meses antes da primeira consulta. Contou que não entendia direito por que fez aquilo, que se arrependeu, que estava empenhado em reafirmar a importância da família e que não pretendia se separar. Ela ainda não assimilara o golpe e não sabia se teria condições de manter-se casada após o ocorrido.

Os dois falaram bastante, ela magoada e ele na defensiva. Enquanto ele falava, ela me lançava alguns olhares cúmplices, como se quisesse me mostrar algo a que ele não correspondesse. O olhar dele era de inquietação, como se me perguntasse onde iria parar toda aquela conversa. Era a primeira experiência de terapia dos dois.

Ele fez Economia, doutorado na área e atualmente é dono de uma empresa. Sua família de origem, formais entre si, é composta de pessoas abastadas. A mãe é contra o casamento deles, porque a nora é de origem italiana e sem tradição reconhecida. Ela não colabora na educação dos netos, não auxilia economicamente, atrapalha se puder. Ele relatou à mãe sobre a traição no casamento; na ocasião, ela aproveitou para contar para amigos, parentes e conhecidos, ampliando as dificuldades em relação ao fato.

Eliza tem família diferente da dele. Italianos, como gosta de salientar, são amáveis, falam sobre tudo, suas relações são abertas e calorosas. Demonstram afeto fisicamente, são espalhafatosos e se auxiliam mutuamente. Eliza completou faculdade de Artes Plásticas, mas nunca trabalhou na área. De vez em quando se ocupa da organização de alguns eventos ligados ao tema. Ela referiu ter parado suas atividades de trabalho para se dedicar à família e com isso permitir ao marido tranquilidade na profissão.

Ela é a terceira filha de três mulheres. Nasceu quinze anos depois das outras irmãs. Seus pais, quando ela nasceu, eram mais velhos e viajavam bastante, porque estavam "a fim de curtir a vida". Segundo seu relato, foi criada também pelas irmãs.

Durante as sessões, ele foi mais direto, objetivo, estava interessado em entender o que se passava para salvar o casamento. Ela, mais detalhista, pretendia entender os motivos da traição. Às vezes um atropelava o outro; nestas ocasiões, ele era incisivo, insistia para que ela o deixasse terminar de falar, aumentava o tom de voz, levantava a mão, e ela se retraía. Chamou a atenção, o fato de Eliza, apesar de ser tão falante, às vezes agressiva, incisiva, acusadora, ameaçando com a separação, calar-se diante do marido no momento em que ele se tornava agressivo.

No início, eles se ativeram a queixas mútuas: ele não cuida dos filhos, preocupa-se demais com o trabalho, é retraído, mais voltado para seus interesses; ela é insatisfeita, exigente, sempre quer mais.

Ele reconhece que ela cuida bem dos filhos e da casa, valoriza o fato de Eliza ser bonita, esperta, interessante, loquaz. Ela reconhece que ele se esforça para suprir a casa, que é um sujeito capaz, não é violento. Ele convive pouco com os amigos, encontra-se ocasionalmente com sua família de origem. Ela está rodeada de amigos e de parentes, envolvida nos dramas familiares.

Ela se queixou de que ele chega tarde e ainda assim sai para correr sozinho, enquanto o tempo para a família é restrito. Ele se defendeu alegando que trabalha para a família, que tudo o que faz é para eles e que precisa do esporte para relaxar e aguentar o dia a dia.

## Relações entre os tipos de personalidade

Na primeira sessão deste casal, me preocupei em lhes mostrar o estilo vincular do casal, a partir da compreensão dos tipos de personalidade. Eliza se magoa com Peter porque ele se fecha em seu mundo e pouca atenção lhe dá. Ela entende tal comportamento como desconsideração e tende a discutir, exigindo mais atenção. Depois de salientar aos dois as características de tipo *narcísico* de Peter e *anaclítica* de Eliza, eles puderam se apropriar de uma nova maneira de observar a situação.

O tipo narcísico de personalidade necessita preservar seu espaço pessoal, para não ser invadido. Os estímulos do meio ambiente são potencialmente agressivos e irritantes. Como a angústia do tipo narcísico é de desorganização e a relação de objeto é fusional, ele se defende de invasões potencialmente desorganizadoras: o tipo narcísico mantém certa distância afetiva do outro para não se desorganizar.

Peter tem que lidar o dia todo com pessoas e aprendeu a estruturar seus relacionamentos de forma satisfatória no plano profissional. No mundo dos negócios, ele pode manter as relações a uma distância que não o incomoda. Mesmo assim, todo esse trabalho de se manter psiquicamente integrado é cansativo. Ao chegar em casa, vislumbra a possibilidade de repouso. Descansar para ele implica em ficar sozinho, em paz, sem estímulos em demasia. Fazer exercícios sozinho é sinônimo de carregar baterias.

Uma das queixas da esposa é que Peter gosta de ficar ao seu lado e ver televisão em silêncio; o que para ela significa não interação, para ele implica em sossego. Um jantar a sós e com poucas palavras, para ele é um momento de prazer e de paz, mas para ela é um tédio.

Poder expor as razões pelas quais um e outro se comportam de maneira diferente permite ao casal obter um novo enfoque para divergências antigas. Não se discriminam os tipos de personalidade do ponto de vista teórico, nem a nomenclatura é citada; através de exemplos oferecidos pelo casal, é possível demonstrar a eles seu modo de funcionamento, associado a alguma explicação psicológica.

Assim, a necessidade de Peter de se manter em silêncio pode ser melhor compreendida por Eliza: o fato de ele chegar em casa cansado de tanta interação no seu dia de trabalho, e precisar de repouso e pouco estímulo, pode ser entendido não como descaso, mas como necessidade.

Explico: para Eliza entender melhor seu companheiro é interessante que ela saiba que ele se esforça psicologicamente para não se desorganizar. Dito assim pode parecer teórico demais, mas no momento em que aponto a motivação para Peter ser incisivo, até grosso, no momento em que ele quer terminar o que está falando, ou seja, tem que concluir para "não perder o fio da meada", para não atrapalhar o raciocínio, eles entendem o que pretendo dizer com desorganização.

Ao mencionar tal situação, Eliza confirmou minha impressão e acrescentou que já havia notado isso e se calava, inclusive, por esta razão. Peter também entendeu o que eu disse, confirmando a avaliação.

## Tipos mistos

Ele parece autoritário, incisivo, até agressivo em certas ocasiões. Seu modo de se colocar no mundo sugere um tipo neurótico, empreendedor, agressivo nos negócios, aparentemente interessado em poder, dinheiro. Seu interesse, ou sua angústia, no entanto, não está em ser poderoso. Apesar de se comunicar falicamente, sua preocupação é com a defesa da sua organização interna, em não ser invadido pelo mundo externo.

Seu estilo neurótico de se comunicar foi forjado pelo modo de se relacionar com uma família hostil e agressiva. Tal comportamento é explicitado na terapia, com a devida ligação com a biografia. Neste sentido, pode-se caracterizá-lo como narcísico/neurótico.

Quanto à Eliza, pode-se dizer algo parecido em relação às suas características neuróticas. Exigente e insatisfeita, o jeito histriônico de ser de Eliza, seu estilo de vestir-se, seu modo incisivo de falar, seu olhar desafiador poderia levar a pensar em uma pessoa do tipo neurótico de base, mas seus objetivos são outros. Embora ela seja agressiva ao cobrar de Peter, ela não pretende sair vitoriosa na disputa, mas deseja cuidados e atenção; o que predomina é sua dependência do objeto, característica do tipo anaclítico.

Sua necessidade de cuidados é transmitida na forma de uma exigência impositiva, que não se sustenta quando Peter se mostra mais decidido do que ela. Pode-se, então, caracterizá-la como tipo anaclítico/neurótico.

## Tipologia do casal

Para Eiguer (1984/1991, p. 43) os casais podem ser organizados em três tipos: neuróticos (ou "normais"), anaclíticos (ou com angústia de perda, ou depressivos) e narcísicos (ou psicóticos). Os casais neuróticos são organizados pelo Édipo, os anaclíticos por apoio e os psicóticos por simetria ou narcisicamente.

Pode-se dizer que este casal funciona de modo neurótico, fálico, com o Édipo como organizador, segundo a concepção de Eiguer (1984/1991). De acordo com ele, no casal neurótico, os temas fundamentais são as dificuldades sexuais (impotência, vaginismo, etc), os conflitos onde dominam os ciúmes, a rivalidade profissional (o poder fálico) e dificuldades nas trocas verbais, além de crises ligadas a relações extraconjugais (Eiguer, 1984/1991, p.35).

Eliza e Peter funcionam como casal, de forma neurótica, o que deve ser analisado e interpretado. Mas, como Peter tem como angústia de base a fragmentação e Eliza, a perda do objeto, este funcionamento neurótico sofre a influência dos outros tipos.

De acordo com esta concepção, o relacionamento deste casal pode também ser observado a partir da interação entre os tipos individuais. Mostrar, para Peter e Eliza, seu modo de relacionamento neurótico, e também seus aspectos anaclíticos e narcísicos, permitiu alterar suas perspectivas de interação, melhorando seu dia a dia no casamento.

O importante não é acertar com o diagnóstico, mas elaborar as questões relativas aos três tipos, às três angústias, na medida em que se tornam claras a partir dos conflitos do casal, auxiliando-o a se compreender e a se conhecer.

Nesse ponto, cabe ressaltar que os aspectos anaclíticos de Peter também foram trabalhados, assim como os aspectos narcísicos de Eliza, pois todos nós temos características dos três tipos, embora uns predominem sobre outros.

Para Eliza, a suspeita era de que Peter não a amava o suficiente, que ele a deixava em solidão, e suas queixas eram dirigidas para obter provas de amor. Quando ele despende mais tempo com o esporte do que com ela, é uma prova de que não a valoriza. As exigências de cuidados de Eliza não fazem parte de uma disputa fálica, mas de uma relação de apoio, embora sejam manifestadas aos supetões.

Em dado momento, Peter se queixa de que Eliza é exigente, mas ela discorda de forma enérgica. Ela afirma que se satisfaz com pouca coisa, por exemplo, uma rosa seria mais importante do que uma viagem para a Europa. Ela diz que ele nunca vai entender, que ele não é capaz de ter sensibilidade para agradar. Apesar de seu jeito agressivo, está pedindo para ele ter um gesto de cuidado, busca apoio. O problema de Peter, nesta situação, é que, em função de sua experiência familiar, para ele é difícil mesmo saber a hora certa de dar a *rosa* certa.

Eliza se queixa de que Peter sai em viagem para o exterior, a trabalho, e nunca a convidou. Para ele, viajar sozinho faz mais sentido. Ele já tem que lidar com um fator de desorganização que é a viagem; se ainda por cima tiver que levar esposa e filhos, seria muita energia psíquica a gastar. Durante o trajeto do avião, ele procura se organizar para tirar bom proveito dos negócios. Alguém ao lado, mais atrapalharia do que ajudaria.

Para Eliza esta justificativa tornou-se plausível apenas na medida em que ela conheceu o modo de funcionamento narcísico de seu marido. Antes disso, sua única explicação era a falta de amor, com as consequentes brigas.

Claro está que cada um tem o direito de escolher com quem vive. O fato de conhecer seu marido não implica que Eliza tenha que aceitá-lo como ele é. Ela pode compreender as razões para Peter ser como é, e não querer conviver com ele.

Em todo caso, o conhecimento dos tipos de personalidade facilita decisões sobre separação ou continuidade da relação, inclusive porque salienta os limites de cada pessoa. Embora possível, dificilmente Peter poderia se tornar o marido cheio de cuidados de que Eliza necessita para se sentir amada. Por outro lado, ele pode tentar supri-la, em função de conhecer o que a esposa precisa e o porquê disso; não se trata de caprichos, mas de carências fundadas nas relações primitivas de sua esposa.

Associar a explicação do modo de ser dos tipos de personalidade com a biografia é fundamental para facilitar a compreensão do casal. Fazer tais associações facilita a compreensão do seu funcionamento, tanto para Peter como para Eliza.

A circunstância biográfica que justifica o modo aparente de Eliza se relacionar, encontra-se no *modus operandi* de sua família de origem, ou seja, espalhafatoso, intenso, direto, incisivo. No caso de Eliza, o fato de seus pais a terem tido mais tarde do que os outros filhos e de terem *terceirizado* sua educação para as irmãs, deixou nela uma suspeita de não ser suficientemente amada, faltou-lhe a mãe suficientemente boa (Winnicott, 1960/1983).

Peter e Eliza se conheceram quando ele estava noivo, com casamento marcado. Ter deixado a noiva para ficar com Eliza, foi para ela uma demonstração de amor que a cativou. O problema é que as declarações de amor necessitam ser contínuas para apaziguar Eliza, o que é cansativo para o estilo narcísico de Peter. Fosse outro tipo de homem com outra biografia, as solicitações de amor de Eliza poderiam ser bem-vindas.

Segundo Winnicott (1963/1983), a repetição não é fruto da pulsão de morte, mas é a procura por uma solução do conflito. Neste caso, Eliza encontrou um homem distante, parecido com o estilo de seus pais, na busca de um elemento modificador de seu destino. Possivelmente, um homem caloroso não a teria atraído, como se pode observar tantas vezes nas escolhas conjugais.

No caso de Peter, seu tipo de personalidade foi acentuado pelo estilo de vida de seus parentes. Pouco afeitos ao contato físico, de poucas palavras, sua família de origem o estimulou a se virar sozinho desde cedo. Para sua própria sobrevivência psíquica, ele aprendeu a contar com ele mesmo, o que colaborou com seu tipo narcísico de personalidade, para torná-lo mais introspectivo e menos comunicativo.

O que importa, na terapia, é apontar estas características de personalidade na medida em que elas auxiliem na demonstração de como se dá o vínculo do casal. No fundo, pouco importam os tipos como fundamentação teórica, mas interessa como o casal pode se apropriar do seu modo de se relacionar a partir desta compreensão, e daí melhorar seu relacionamento.

As três angústias devem ser contempladas na hora de explicitar o vínculo do casal. Os modos de ser anaclítico, neurótico e narcísico de um, do outro e do casal podem ser explicitados ao longo dos exemplos que o próprio casal traz à terapia, na forma de conflitos.

## Escolha do cônjuge

É útil abordar as motivações das escolhas do cônjuge, com a devida correlação com as histórias de vida de cada um. Este ponto foi salientado ao longo das quatro sessões com este casal. Eliza buscou um homem a quem pudesse respeitar e que a apoiasse.

A busca de objeto de apoio foi contemplada na questão financeira e no âmbito da estabilidade da estrutura familiar. Por outro lado, o homem afetivamente distante, que *deveria* se tornar uma pessoa calorosa não se concretizou, gerando conflitos.

Pode-se pensar, ao considerá-la como histérica, que, no fundo, o que ela deseja é um homem que a deixe insatisfeita e que esta dependência é uma forma de expressar isto. Não é a opção que fiz, ao considerá-la do ponto de vista anaclítico, com traços neuróticos.

No caso de Peter, Eliza é calorosa, intensa e vibrante, qualidades que sua mãe e sua família de origem não têm. Peter precisa de um contraponto ao seu estilo; um pouco de movimento alegra o ambiente e movimenta sua vida. Por outro lado, esta mesma intensidade se volta contra ele nas cobranças por demonstrações de amor, as quais além de serem custosas do ponto de vista psíquico, lhe trazem outro dilema, porque ele não entende o que Eliza lhe solicita.

Justamente porque Peter foi criado em uma família com poucos cuidados afetivos, falta-lhe referencial para suprir as necessidades dela. Além disso, as críticas e as solicitações intensas de Eliza funcionam para ele como invasão, reforçando suas relações primitivas com a mãe, às quais ele reage se retraindo ainda mais, gerando um círculo vicioso complicado para os dois.

A mãe de Peter é pessoa dura, invasiva, crítica e pouco afetuosa. Ele foi procurar na esposa alguém diferente destas características; ou talvez alguém parecido com a mãe, como repetição seguindo Freud, ou como esperança de conseguir mudar esta situação biográfica, segundo Winnicott.

Eliza é carinhosa, dedicada e interessada no bem estar de seu marido. Quando, no entanto, Eliza se torna agressiva e exige que Peter se comporte de outra maneira, ela se torna parecida com a mãe de Peter, o que o deixa mais retraído.

A recusa dele em escutar sua esposa reside no fato de se sentir tolhido em sua identidade. Para Peter escutar/"obedecer" sua esposa aos berros seria equivalente a deixar de ser quem ele é, deixar-se absorver pela mãe autoritária que preferiria que ele se casasse com outra mulher, que ele fosse empresário dos negócios da família como o pai queria, que ele abrisse mão de *ser ele mesmo.*

Demonstrar estas correlações é fundamental para que o casal consiga notar antigas questões sob outra ótica. Elaborar estes aspectos em uma terapia de casal, um em presença do outro, faz toda a diferença, na comparação com a terapia individual.

O fato de eles perceberem este círculo vicioso facilita a convivência. Esta compreensão não necessita de muitas sessões para ser explicitada. Basta ao terapeuta estar atento à capacidade de percepção dos dois membros do casal, e permitir que a sessão transcorra de modo a tornar mais simples o *insight* esclarecedor.

Estas aproximações devem ser realizadas com todo o cuidado que o *timing* correto de uma interpretação implica. Pouco adianta estar de posse de teorias apropriadas e de intervenções adequadas se o fluxo da sessão não perseguir o encontro terapêutico, a comunicação significativa, obtida apenas se o terapeuta estiver em estado de escuta psicanalítica voltada para avaliar o momento propício para se fazer esta ou aquela observação.

## Transferência/contratransferência

Além da demonstração do funcionamento dos tipos de personalidade a partir das correlações biográficas, é fundamental a compreensão dos movimentos transferenciais na sessão.

Por exemplo, Eliza no final da primeira sessão, ao se despedir, veio decidida ao meu encontro, deu-me um beijo e disse:

"A minha amiga me disse que você era mais feminista do que você foi hoje". Ressalte-se o aspecto sedutor demonstrado pelo modo incisivo do cumprimento, mas o mais importante é a queixa de que eu não teria estado tão ao seu lado como gostaria.

Com isso também deixa entrever que me escolheu como terapeuta a partir de uma observação da amiga de que eu, "feminista", "estaria ao lado das mulheres", ou seja, permite supor o desejo de uma relação de apoio, que combina com seu tipo anaclítico de ser.

Eliza, no transcorrer das sessões, não me confrontou. O tipo anaclítico/neurótico de Eliza é aparentemente fálico, mas a questão central é saber se ela pode se entregar, apoiar-se. Sua carência vem de tempos primitivos, a partir de experiência com a mãe não-suficientemente boa, em função de ter sido a terceira filha, com pais sem paciência para cuidar dela. Ela espera apoio de mim.

A observação cuidadosa das relações contratransferenciais é fundamental na análise de qualquer paciente e se complica na terapia de casal. Ora é um ou outro que procura alianças e por vezes é interessante que um deles auxilie nas intervenções para com o outro (Lemaire, 1998).

É crucial não entrar no jogo de sedução dos dois, em busca de alianças. Caso o terapeuta comece a torcer por um dos dois, a terapia estará em risco. Como é possível isso acontecer, cabe ao terapeuta estar atento às suas reações para não "escolher" um dos dois.

No caso de Eliza, ela procurava me seduzir mostrando-se mais próxima da psicanálise, interessada nas relações pessoais, salientando que o marido, mais fechado, não "nos" compreendia. Peter, no entanto, captava rapidamente o que era dito, desde que lhe fizesse sentido.

O tipo anaclítico de Eliza me incitava a apoiá-la, enquanto eu tendia a organizar Peter. Atento a estes movimentos transferenciais, cabe ao terapeuta não agir, mas interpretar.

## Elaboração vincular e individual

Com a finalidade de facilitar o *insight* dos conflitos do casal, são feitas observações tanto relativas ao vínculo, quanto individuais, sem privilegiar uma ou outra.

Na segunda sessão, por exemplo, foi apontado para Eliza que sua vida pessoal foi deixada de lado para que o marido progredisse na vida. Tal atitude a colocava em posição de dependência e a tornava mais exigente em relação ao marido; afinal, se ela se dedica a ele e à família, então ele teria que ser mais cuidadoso em relação a ela.

Ao se colocar como dependente, necessitada de afeto, sem se apropriar de um projeto pessoal, Eliza tende a ampliar sua dependência, dificultando sobremaneira a possibilidade do seu marido em satisfazê-la. Casada com ele, sabe que pode construir e manter uma família; se deixá-lo, terá que se virar sozinha, deverá ter um objetivo próprio na vida, mesmo sabendo que ele vai ajudar financeiramente. Afinal, o que de fato é dela? O que seria seu desejo próprio?

Esse jogo interativo de avaliar as questões pessoais, ao mesmo tempo que as do casal, faz parte da terapia o tempo todo. Ele deveria ser mais atencioso, ou ela deveria ser menos exigente? Ele deveria ser mais cuidadoso, apesar do seu tipo narcísico com a história de vida que teve, ou ela teria que ser mais condescendente ao conhecer melhor suas motivações? Ele precisaria cuidar mais dela, ao saber que suas necessidades de amor são profundas, ou não? Ela deveria cuidar para não invadi-lo, e buscar um projeto de vida pessoal, ou deveria insistir para que ele mudasse, ou deveria procurar um outro homem mais disponível? Felizmente são respostas que não precisamos ter, mas o casal se beneficia ao pensar a respeito.

## Considerações finais

As questões relativas aos tipos de personalidade apresentadas para o casal Peter e Eliza podem ser elaboradas nas sessões iniciais. Recorde-se que a terapia de casal será sempre compreendida como uma elucidação de conflitos vinculares, a partir do respeito a um referencial psicanalítico; isto implica em não ser a favor de terapias individuais que se prolonguem, à vista do outro membro do casal.

Isto também não quer dizer que há um esquema padronizado a ser seguido; pelo contrário, mantém-se o vértice psicanalítico, com o devido respeito à investigação da transferência, à interpretação, às associações livres e à neutralidade.

Quanto mais focal a terapia e quanto menor seu tempo de duração, mais esta abordagem sobre os tipos surge como opção para o casal se conhecer. Na maioria das vezes o casal não vem com demanda clara de análise longa, mas com a intenção de resolver questões pontuais que o aflige.

Em uma terapia sem prazo limitado, com mais de um ano de duração, o enfoque em relação aos tipos psicológicos surge na medida em que o casal comenta o seu modo de relacionamento no cotidiano; em uma terapia com poucas sessões ou alguns meses de duração, a compreensão do estilo de personalidade de seu parceiro, facilita sobremaneira a convivência do casal. Para o casal aqui apresentado, as observações foram feitas em quatro sessões, nas ocasiões que pareceram mais adequadas.

A biografia surge nas sessões espontaneamente ou a partir de solicitação do terapeuta. No momento em que a discussão do casal se torna repetitiva e não mais se avança na compreensão do vínculo, é factível a intervenção por parte do terapeuta, ora com interpretações, ora com perguntas que visem clarear a situação. É uma variação técnica da terapia de casal em relação ao dispositivo clássico da análise, que postula uma atitude de maior silêncio e espera.

A terapia de casal exige um tempo maior de sessão, quando comparada com uma terapia individual. No exemplo de Peter e Eliza as sessões duraram o tempo necessário para elaborar as questões que surgiram; pouco mais de duas horas cada uma.

O poder de elaboração *fora das sessões* aumenta na situação de casal. Não se pode esquecer que os dois convivem diariamente e revivem o que foi discutido na sessão, em várias situações do cotidiano.

Caso os dois tenham demanda para se conhecer como casal, a terapia pode se prolongar por alguns meses ou anos, tempo necessário para elaborar as diversas questões apresentadas. Este casal específico satisfez-se com estas quatro sessões. Anos mais tarde, ela me telefonou para pedir indicação de terapeuta para um familiar e me informou que o casal passava bem.

# Referências bibliográficas


ABRAM, J. *A linguagem de Winnicott*. Rio de Janeiro: Revinter, 2000.

AIELLO-VAISBERG, T. M. J. Os enquadres clínicos diferenciados e a personalização/realização transicional. *Cadernos ser e fazer*: o brincar, pp. 06-17, 2004. Disponível em: <www.serefazer.psc.br>. Acesso em: 3 jan. 2015.

ALEXANDER, F.; FRENCH, T. M. *Psychoanalytical therapy*: principals and application. New York: Ronald Press, 1946.

ANZIEU, D. *Le group et l'inconscient*. Paris: Dunod, 1975.

AULAGNIER, P. C. *Violência da interpretação:* do pictograma ao enunciado.Rio de Janeiro: Imago, 1979.

BALFOUR, A.; LANMAN, M. An evaluation of time-limited psychotherapy for couples: a pilot study. *Psychology and psychotherapy: theory, research and practice*, v. 85, n. 3, pp. 292-309, 2012.

BALINT, M.; ORNSTEIN, P.H.; BALINT, E. *La psychothérapie focale*. Paris: Payot, 1975.

BARTILOTTI, M. R. B. et al. A psicoterapia breve psicanalítica como proposta clínica do núcleo de atendimento e pesquisa da conjugalidade do Instituto Sedes Sapientiae. *Psicologia argumento,* v. 31, n. 73, pp. 309-317, 2013.

BENGHOZI, P. *Malhagem, filiação e afiliação*. São Paulo: Vetor, 2010.

BERENSTEIN, I. El vínculo y el otro. *Revista de psicoanálisis – asociación psicoanalítica de Buenos Aires*, vol. XXIII, n. 1, 2001. Disponível em: <http://www.apdeba.org>. Acesso em: 21 set. 2015.

BERENSTEIN, I. Reflexões sobre uma psicanálise do vínculo. In: GREEN, A. (Org.). *Revista francesa de psicanálise*: psicanálise contemporânea. Rio de Janeiro: Imago, 2003. (Trabalho original publicado em 2001).

BERENSTEIN, I. Intersubjetividade e alteridade. *Percurso*, n. 48, pp. 9-16, 2012.

BERENSTEIN, I. Prólogo. In: WEISSMANN, L. *Famílias monoparentais*. São Paulo: Casa do Psicólogo, 2009.

BERGERET, J. *La personnalité normale et pathologique*. Paris: Dunod, 1985. (Trabalho original publicado em 1974).

BERTALANFFY, L. V. *Teoria geral dos sistemas*. Rio de Janeiro: Vozes, 1973.

BION, W. R. *Experience in groups*. London: Tavistok publications, 1961. (Trabalho original publicado em 1948).

BLEGER, J. Psicanálise do enquadramento psicanalítico. In: *Simbiose e ambiguidade*. Rio de Janeiro: Francisco Alves, 1988.

BOWLBY, J. Separation anxiety: a critical review of the literature. *The journal of child psychology and psychiatry*, v. 1, n.4, pp. 251-269, 1960.

BOWLBY, J. *Apego e perda:* apego, a natureza do vínculo. Vol. 1. São Paulo: Martins Fontes, 1990. (Trabalho original publicado em 1969).

BUBER, M. *Eu e tu*. São Paulo: Cortes&Moraes, 1974. (Trabalho original publicado em 1923).

CASTILHO, V. F. *História, fundamentos e novas tendências da terapia familiar sistêmica*. 2017. Disponível em: <http://www.cefacbahia.org.br/wp-content/files_mf/artigo_vc08062017.pdf>. Acesso em: 24 jul. 2015.

COSTA, L. F. A perspectiva sistêmica para a clínica de família.*Psicologia: teoria e pesquisa*. v. 26, 2010. Disponível em: <http://www.scielo.br>. Acesso em: 28 jul. 2015.

CLULOW, C.; DEARNLEY, B.; BALFOUR, F. Shared phantasy and therapeutic structure in a brief marital psychotherapy. *British journal of psychotherapy*, v. 3, n. 2, pp. 124-132, 1986.

COSTA, J. F. *Sem fraude nem favor*. Rio de Janeiro: Rocco, 1999.

DAVID, C. *L'état amoureux*. Paris: Payot, 1971.

DELEUZE, G. *Diferença e repetição*. Rio de Janeiro: Graal, 1988.

DELEUZE, G. *Conversações*. Rio de Janeiro: 34, 1992.

DIAS, E. O. *A teoria das psicoses em D. W. Winnicott*. Tese (Doutorado em Psicologia Clínica) – Departamento de Psicologia, Pontifícia Universidade Católica de São Paulo, São Paulo, 1998.

EIGUER, A. *Les organisateurs inconscients de la famille*: ce que la thérapie familiale nous apprend sur son organisation. *Cahiers critiques de thérapie familiale*, v. 4-5, p. 33-48, 1982.

EIGUER, A. *Um divã para a família*. Porto Alegre: Artes Médicas, 1985. (Trabalho original publicado em 1983).

EIGUER, A. *La thérapie psychanalytique du couple*. Paris: Dunod, 1991. (Trabalho original publicado em 1984).

EIGUER, A. *O parentesco fantasmático*. São Paulo: Casa do Psicólogo, 1995. (Trabalho original publicado em 1987).

EIGUER, A. *Jamais moi sans toi*. Paris: Dunod, 2008.

EIGUER, A. *L'inconscient de la maison*. Paris: Dunod, 2013. (Trabalho original publicado em 2009).

ETCHEGOYEN, H. *Fundamentos da técnica psicanalítica*. Porto Alegre: Artes Médicas, 1987.

EVANS, T. D. Brief therapy : the tradition of individual psychology compared to MRI. *Individual psychology*, v. 45 n.1-2, pp. 48-56, 1989.

FAIRBAIN, W. R. D. Uma revisão da psicopatologia das psicoses e das psiconeuroses. In: *Estudos psicanalíticos da personalidade* (pp. 23-46). Rio de Janeiro: Interamericana, 1980. (Trabalho original publicado em 1941).

FÉDIDA, P. *Clínica psicanalítica*. São Paulo: Escuta, 1988.

FÉRES-CARNEIRO, T. Diferentes abordagens em terapia de casal: uma articulação possível? *Temas psicológicos*, v. 2, n. 2, ago. 1994. Disponível em: <http//www.pepsic.bvsalud.org>. Acesso em: 23 nov. 2015.

FERENCZI, S. Transferência e introjeção. In: *Escritos psicanalíticos*. Rio de Janeiro: Taurus, 1988. (Trabalho original publicado em 1909).

FERENCZI, S. A técnica psicanalítica. In: *Escritos psicanalíticos*. Rio de Janeiro: Taurus, 1988. (Trabalho original publicado em 1911).

FERENCZI, S. Prolongamentos da "técnica ativa" em psicanálise. In: *Escritos psicanalíticos*. Rio de Janeiro: Taurus, 1988. (Trabalho original publicado em 1921).

FERENCZI, S. Perspectivas da psicanálise. In: *Escritos psicanalíticos*. Rio de Janeiro: Taurus, 1988. (Trabalho original publicado em 1924).

FERENCZI, S. Elasticidade da técnica psicanalítica. In: *Escritos psicanalíticos*. Rio de Janeiro: Taurus, 1988. (Trabalho original publicado em 1928).

FERENCZI, S. Princípio de relaxação e neo-catarse. In: *Escritos psicanalíticos*. Rio de Janeiro: Taurus, 1988. (Trabalho original publicado em 1930).

FERENCZI, S. Confusão de língua entre os adultos e as crianças. In: *Escritos psicanalíticos*. Rio de Janeiro: Taurus, 1988. (Trabalho original publicado em 1933).

FERENCZI, S. *Diário clínico*. São Paulo: Martins Fontes, 1990. (Trabalho original publicado em 1932).

FERENCZI, S.; RANK, O. *The development of psychoanalysis*. New York: International Press, 1956. (Trabalho original publicado em 1925)

FERRY, L. *Aprender a viver*: filosofia para os novos tempos. Rio de Janeiro: Objetiva, 2010.

FERRY, L. *Do amor*: uma filosofia para o século XXI. Rio de Janeiro: Difel, 2013.

FIORINI, H. J. *Teoria e técnica das psicoterapias*. Rio de Janeiro: Francisco Alves, 1978. (Trabalho original publicado em 1973).

FOCHESATTO, W.P.F. Reflexões sobre a "teoria do pensar" de Bion. *Estudos de psicanálise*, n. 40, dez. 2013. Disponível em: <http//www.pepsic.bvsalud.org>. Acesso em: 22 out. 2015

FRENCH, T. M. *Psychoanalytic interpretations*: the select papers of Thomas French. New York: Quadrangle books, 1970.

FREUD, S. Introdução ao narcisismo. In: *Edição Standard*

*Brasileira das Obras Completas*. Vol. XIV. Rio de Janeiro: Imago, 1969. (Trabalho original publicado em 1914).

FREUD, S. Mal-estar na civilização. In: *Edição Standard Brasileira das Obras Completas*. Vol. XXI. Rio de Janeiro: Imago, 1969. (Trabalho original publicado em 1929).

FREUD, S. Tipos libidinais. In: *Edição Standard Brasileira das Obras Completas*. Vol. XXI. Rio de Janeiro: Imago, 1969. (Trabalho original publicado em 1931)

FREUD, S. Análise terminável e interminável. In: *Edição Standard Brasileira das Obras Completas*. Vol. XXIII. Rio de Janeiro: Imago, 1969. (Trabalho original publicado em 1937).

GILL, M. M. Psychoanalysis and exploratory psychotherapy. *Journal of the American psychoanalytical association*, n. 2, pp. 771-797, 1954.

GILL, H.; TEMPERLEY, J. Time-limited marital treatment in a foursome. *British journal of medical psychology*, v. 47, n. 2, pp. 153-161, 1974.

GILLIÉRON, E. *As psicoterapias breves*. Rio de Janeiro: Jorge Zahar, 1986. (Trabalho original publicado em 1983).

GILLIÉRON, E. *Introdução às psicoterapias breves*. São Paulo: Martins Fontes, 1991. (Trabalho original publicado em 1983).

GILLIÉRON, E. *A primeira entrevista em psicoterapia breve*. São Paulo: Unimarco e Loyola, 1996.

GILLIÉRON, E. *Manual de psicoterapias breves*. Lisboa: Climpesi, 1997.

GOMES, L. *1889*. São Paulo: Globo, 2013.

GOMES, P. B. *Vínculos amorosos contemporâneos*. São Paulo: Callis, 2003.

GOMES, P. B.; PORCHAT, I. *Psicoterapia do casal*. São Paulo: Casa do Psicólogo, 2006.

GRAÑA, R.B. *Origens de Winnicott:* ascendentes psicanalíticos e filosóficos de um pensamento original. São Paulo: Casa do Psicólogo, 2007.

GRIER, F. A psychoanalytic approach to brief marital psychotherapy. In: GRIER, F. (Org.) *Brief encounters with couples:* some analytic perspectives. Londres: Karnac, 2001.

HALEY, J. *Uncommon therapy*: the psychiatric techniques of Milton Erickson. New York: Norton, 1973.

HALEY, J. *Psicoterapia Familiar.* Belo Horizonte: Interlivros, 1979.

HALL, S. *A identidade cultural na pós modernidade.* Rio de Janeiro: DP&A, 2003.

HAYNAL, A. *La technique en question*: controverses em psychanalyse. Paris: Payot, 1987.

HEGENBERG, M. *Psicoterapia breve.* São Paulo: Casa do Psicólogo, 2004

HEGENBERG, M. Método em psicanálise. In: HEGENBERG, L. (Org.).*Métodos.* São Paulo: EPU, 2005.

HEGENBERG, M. Psicoterapia breve psicanalítica. *Percurso: Revista de Psicanálise*, v. XX, n. 40, pp. 111-122, 2008.

HEGENBERG, M. Types psychologiques en thérapie du couple. *Revue de l'AIPCF*, 2010. Disponível em:<http://www.psicobreve.net>. Acesso em: 22 out. 2014.

HEGENBERG, M. Psicoterapia breve psicanalítica de casal. In: GOMES, I.; FERNANDES, M. I.; LEVISKY, R. (Orgs.). *Diálogos psicanalíticos sobre família e casal.* São Paulo: Zagodoni Editora, 2012.

HERRMANN, F. *Andaimes do real*: o método da psicanálise. São Paulo: Casa do Psicólogo, 2001.

HERRMANN, F. Amor, guerra e o casamento de hoje. In: GOMES, P.B. (Org.).*Vínculos amorosos contemporâneos.* São Paulo: Callis, 2003.

HUSSERL, L. Meditações cartesianas: introdução à fenomenologia. São Paulo: Madras, 2001. (Trabalho original publicado em 1929).

KAËS, R. *Um singular plural*: a psicanálise à prova do grupo. São Paulo: Loyola, 2011.

KERBAUY, R.; BARTILOTTI, M.; DOMINICIS, G. *Laços possíveis*: experiências clínicas com casais e famílias. São Paulo: Aller Editora, 2019.

KERNBERG, O. F. Psicanálise, psicoterapia psicanalítica e de apoio: controvérsias contemporâneas. In: GREEN, A. (Org.). *Revista francesa de psicanálise: psicanálise contemporânea.* Rio de Janeiro: Imago, 2003. (Trabalho original publicado em 2001).

KEHL, M. R. *Deslocamentos do feminino*: a mulher freudiana na passagem para a modernidade. Rio de Janeiro: Imago, 1998.

KLEIN, M. *Contributions to psycho-analysis.* London: Hogart, 1948.

LANGER, S. K. *Filosofia em nova chave.*São Paulo: Perspectiva, 1989. (Trabalho original publicado em 1941).

LANMAN, M. Assessment for couple psychoanalytic psychotherapy. *British journal of psychotherapy*, v. 19, n. 3, pp. 309-333, 2003.

LANMAN, M.; GRIER, F. Evaluating change in couple functioning: a psychoanalytic perspective. *Sexual and relationship therapy*, v. 18, n. 1, pp. 13-24, 2003.

LANMAN, M.; GRIER, F. A psychoanalytic approach to brief marital psychotherapy. In: GRIER, F. (Org.). *Brief encounters with couples:* some analytic perspectives. Londres: Karnac, 2001.

LAPLANCHE, J.; PONTALIS, J.-B. *Vocabulário da psicanálise.* São Paulo: Martins Fontes, 1970.

LEMAIRE, J. G. Thérapie familiale, thérapie de couple: convergences et divergences. *Dialogue*, n. 100, pp. 17-28, 1982.

LEMAIRE, J. G. Le choix amoureux se transforme-t-il avec l´evolution culturelle? *Dialogue érès*, n. 155, pp. 68-79, 2002. Disponível em: <https://www.cairn.info/revuedialogue>. Acesso em: 28 dez. 2014.

LEMAIRE, J. G. *Les mots du couple.* Paris: Payot, 1998.

LEVY, L.; FÉRES-CARNEIRO, T. O aparelho psíquico grupal familiar: propostas clínicas. In: GOMES, I. C. (Org.) *Família:* diagnóstico e atividades terapêuticas. Rio de Janeiro, Guanabara Koogan, 2008.

LISONDO, A.B.D. Rêverie revisitado. *Revista brasileira de psicanálise online*, v. 44, n. 4, pp. 67-84, 2010. Disponível em:<http://www.pepsic.bvsalud.org>. Acesso em: 22 jul. 2015.

LIPOVETSKY, G. *A era do vazio.* Barueri: Manole, 2005.

LOWENKRON, T.H. *Psicoterapia psicanalítica breve.* Porto Alegre: Artes Médicas, 1993.

LUCZINSKI, G. F.; ANCONA-LOPEZ, M. A psicologia fenomenológica e a filosofia de Buber: o encontro na clínica. *Estudos de psicologia.* v. 27, n. 1, pp. 75-82, 2010.

MANN, J. *Time-limited psychotherapy.* Cambridge: Harvard University Press, 1973.

MALAN, D. *A study of brief psychotherapy.* London: Tavistok;

New York: Plenum Press, 1975. (Trabalho original publicado em 1963).

MALAN, D. *As fronteiras da psicoterapia breve*. Porto Alegre: Artes Médicas, 1981. (Trabalho original publicado em 1976).

MALAN, D.; DELLA SELVA, P.C. *Psicoterapia dinâmica intensiva breve*.Porto Alegre: Artmed, 2008.

MAUPASSANT, G. Jadis. In: *125 melhores contos de Guy de Maupassant*. São Pulo: Cia das Letras, 2009. (Trabalho original publicado em 1880).

MENNINGER, K. *Theory of psychoanalytic technique*. New York: Basic Books, 1958.

MOGUILLANSKY, R. Representação, relação de objeto e vínculo: uma visão pessoal sobre a visão de vínculo. In: GOMES, I. (Org.). *Família:* diagnóstico e abordagens terapêuticas. Rio de Janeiro: Guanabara Koogan, 2008.

MOGUILLANSKY, R.; NUSSBAUM, S. L. *Psicanálise vincular*: teoria e clínica. Vol. 1 e 2. São Paulo: Zagodoni, 2011.

MUSZKAT, M.; MUSZKAT, S. Permanência na diversidade: um estudo sobre a conjugalidade nas classes de baixa renda. In:GOMES, P.B. (Org.). *Vínculos amorosos contemporâneos*. São Paulo: Callis, 2003.

NEVES, F. J. L. A psicanálise kleiniana. *Reverso* v. 29, n. 54, 2007. Disponível em: <http//www.pepsic.bvsalud.org>. Acesso em: 22 ago. 2015.

NYBERG, V. Time-limited couple psychotherapy: treatment of choice, or an imposition. *Couple and family psychotherapy journal*, v. 1, n. 1,pp. 20-33, 2011.

NYBERG, V.; McCANN, D.; GLAUSIUS, K. The challenge of developing a brief intervention service for couples. *Journal of couple & relationship therapy*, jul. 2015. Disponível em: <https://www.tandfonline.com/doi/ref/10.1080/15332691.2014.981655?scroll=top>. Acesso em: 20 jan. 2020.

PENGELLY, P. In bed with Procrustes. *Bulletin of the society for psychoanalytic marital psychotherapy*, pp. 9-13, mai. 1997.

PICHON-RIVIÈRE, E. *Teoria do vínculo*. São Paulo: Martins Fontes, 1988. (Trabalho original publicado em 1982).

PICHON-RIVIÈRE, E. *O processo grupal*. São Paulo: Martins

Fontes, 1998. (Trabalho original publicado em 1983).

PUGET J.; BERENSTEIN, I. *Lo vincular*: clínica y técnica psicoanalítica. Buenos Aires: Paidós, 1997.

RUFFIOT, A. La thérapie familiale analitique: technique e théorie. *Perspectives psychiatriques*, n. 71, p. 121-144, 1979.

RUFFIOT, A. *La thérapie familiale psychanalitique*. Paris: Dunod, 1981.

RUFFIOT, A. Le couple et l' amour: de l'originaire au groupal. In: EIGUER, A. (Org.). *La thérapie psychanalytique du couple*. Paris: Dunod, 1991. (Trabalho original publicado em 1984).

RUSZCZYNSKI, S. *Psychotherapy with couples*: theory and practice at the Tavistok Institute of marital studies. London: Karnak, 2005.

SAMAIN, E. Alguns passos em direção a Gregory Bateson. *Ghrebh: revista de comunicação, cultura e teoria da mídia*. São Paulo, n. 5, 2004. Disponível em: <http//www.revista.cisc.org.br>. Acesso em: 19 jul. 2015.

SANTOS, E. S. Apontamentos sobre as angústias impensáveis em Winnicott. *Revista de Filosofia*, v. 23, n. 33, pp. 475-492, 2011.

SAFRA, G. *A face estética do self.* São Paulo: Unimarco editora, 1999.

SCHARFF, D.; SCHARFF, J. An overview of psychodynamic couple therapy. In *Psychonalytic couple therapy*: foundations of theory and practice. London: Karnak, 2014.

SIFNEOS, P. E. *STAPP*: short-term anxiety provoking psychotherapy. Porto Alegre: Artes Médicas, 1993.

SIFNEOS, P. E. *Short-term psychotherapy and emocional crisis*. Cambridge: Harvard University Press, 1978.

SPIVACOW, M. *Clínica psicoanalítica con parejas*. Buenos Aires: Lugar Editorial, 2005.

VASCONCELLOS, M. J. E. Cibernética e terapia familiar. In: OSÓRIO, L.C.; VALLE, M.E.P. (Org.) *Manual de terapia familiar.* Porto Alegre: Artmed, 2009.

WEAKLAND, J. H.; WATZLAWICK, P.; FISCH, R.; BODIN, A. M. Brief therapy: focused problem resolution. *Family process*, v. 13, n. 2, pp. 141-168, 1974.

WEISSMANN, L. Alteridade: uma possibilidade no casal. In: GOMES, I.C. (Org.). *Clínica psicanalítica de casal e família:* a interface com os estudos psicossociais. São Paulo: Livraria Santos, 2009.

WEISSMANN, L. Psicanálise das configurações vinculares. *Boletim online do departamento de psicanálise do Instituto Sedes Sapientiae*, n. 18, set. 2011. Disponível em: <http://www.sedes.org.br>. Acesso em: 12 dez. 2012.

WILLI, J. *La pareja humana*: relación y conflicto. Madrid: Morata, 1982.

WINNICOTT, D. W. Objetos transicionais e fenômenos transicionais. In: *O brincar e a realidade.* Rio de Janeiro: Imago, 1975.

WINNICOTT, D. W. O *ambiente e os processos de maturação.* Porto Alegre: Artes Médicas, 1983.

WINNICOTT, D. W. *Da pediatria à psicanálise*, Rio de Janeiro: Francisco Alves, 1988.

WITTZAELE, J-J.; GARCIA, T. A abordagem clínica de Palo Alto. In: ELKAÏM, M. (Org.) *Panorama das terapias familiares.* São Paulo: Summus, 1995,

## Coleção Clínica Psicanalítica
Títulos publicados

**A cena hospitalar: psicologia médica e psicanálise**
Alfredo Simonetti

**Acompanhamento terapêutico**
Maurício Porto

**Acontecimento e linguagem**
Alcimar Alves de Souza Lima

**Adicções**
Decio Gurfinkel

**Adoção**
Gina Khafif Levinzon

**Adolescência**
Tiago Corbisier Matheus

**Amor e fidelidade**
Gisela Haddad

**Anomia**
Marilucia Melo Meireles

**Autismo**
Ana Elizabeth Cavalcanti, Paulina Schmidtbauer Rocha

**Autorização e angústia de influência em Winnicott**
Wilson Franco

**Borderline**
Mauro Hegenberg

**Cena incestuosa**
Renata Udler Cromberg

**Cidade e subjetividade**
Flávio Carvalho Ferraz

**Clínica da exclusão**
Maria Cristina Poli

**Clínica do continente**
Beatriz Chacur Mano

**Clínica do trabalho**
Soraya Rodrigues Martins

**Complexo de Édipo hoje?**
Nora B. Susmanscky de Miguelez

**Consultas terapêuticas**
Maria Ivone Accioly Lins

**Corpo**
Maria Helena Fernandes

**Crise pseudoepiléptica**
Berta Hoffmann Azevedo

**Crítica à normalização da psicanálise**
Mara Caffé

**Demências**
Delia Catullo Goldfarb

**Depressão**
Daniel Delouya

**Desafios para a técnica psicanalítica**
José Carlos Garcia

**Desamparo**
Lucianne Sant'Anna de Menezes

**Disfunções sexuais**
Cassandra Pereira França

**Distúrbios do sono**
Nayra Cesaro Penha Ganhito

**Ecos da clínica**
Isabel Mainetti de Vilutis

**Emergências psiquiátricas**
Alexandra Sterian

**Ensaios psicanalíticos**
Flávio Carvalho Ferraz

**Entrevistas preliminares em psicanálise**
Fernando Rocha

**Epistemopatia**
Daniel Delouya

**Escritos metapsicológicos e clínicos**
Ana Maria Sigal

**Esquizofrenia**
Alexandra Sterian

**Estresse**
Maria Auxiliadora de A. C. Arantes, Maria José Femenias Vieira

**Fairbairn**
Teo Weingrill Araujo

**Famílias monoparentais**
Lisette Weissmann

**Ferenczi**
Teresa Pinheiro

**Fobia**
Aline Camargo Gurfinkel

**Hipocondria**
Rubens Marcelo Volich

**Histeria**
Silvia Leonor Alonso, Mario Pablo Fuks

**Idealcoolismo**
Antonio Alves Xavier, Emir Tomazelli

**Imitação**
Paulo de Carvalho Ribeiro e colaboradores

**Incestualidade**
Sonia Thorstensen

**Inconsciente social**
Carla Penna

**Infertilidade e reprodução assistida**
Marina Ribeiro

**Linguagens e pensamento**
Nelson da Silva Junior

**Morte**
Maria Elisa Pessoa Labaki

**Narcisismo e vínculos**
Lucía Barbero Fuks

**Neurose e não neurose**
Marion Minerbo

**Neurose obsessiva**
Rubia Delorenzo

**Neuroses atuais e patologias da atualidade**
Paulo Ritter

**Neurose traumática**
Myriam Uchitel

**Normopatia**
Flávio Carvalho Ferraz

**Orientação profissional**
Maria Stella Sampaio Leite

**O tempo, a escuta, o feminino**
Silvia Leonor Alonso

**Paranoia**
Renata Udler Cromberg

**Perversão**
Flávio Carvalho Ferraz

**Pós-análise**
Yeda Alcide Saigh

**Problemas de linguagem**
Maria Laura Wey Märtz

**Problemáticas da identidade sexual**
José Carlos Garcia

**Psicanálise da família**
Belinda Mandelbaum

**Psicanálise e educação**
Maria Regina Maciel

**Psicanálise e música**
Maria de Fátima Vicente

**Psicopatia**
Sidney Kiyoshi Shine

**Psicossomática**
Rubens Marcelo Volich

**Psicoterapia breve psicanalítica**
Mauro Hegenberg

**Psicoterapia breve psicanalítica de casal**
Mauro Hegenberg

**Psicoterapia de casal**
Purificacion Barcia Gomes, Ieda Porchat

**Ressentimento**
Maria Rita Kehl

**Saúde do trabalhador**
Carla Júlia Segre Faiman

**Sintoma**
Maria Cristina Ocariz

**Sublimação e *unheimliche***
Alessandra Martins Parente

**Tatuagem e marcas corporais**
Ana Costa

**Tempo e ato na perversão**
Flávio Carvalho Ferraz

**Término de análise**
Yeda Alcide Saigh

**Tortura**
Maria Auxiliadora de Almeida Cunha Arantes

**Trabalho do negativo**
Vera Lamanno-Adamo

**Trama do olhar**
Edilene Freire de Queiroz

**Transexualidades**
Paulo Roberto Ceccarelli

**Transferência e contratransferência**
Marion Minerbo

**Transtornos alimentares**
Maria Helena Fernandes

**Transtornos da excreção**
Marcia Porto Ferreira

**Transtornos de pânico**
Luciana Oliveira dos Santos

**Vertentes da psicanálise**
Maria Laurinda Ribeiro de Souza

**Violência**
Maria Laurinda Ribeiro de Souza

**Violência e masculinidade**
Susana Muszkat

Este livro foi composto com tipografia Freight Text Pro
e impresso em papel Lux Cream 70g. na Gráfica Formato.